スキル・マトリックスの作成・開示実務

株式会社日本総合研究所
理事
山田英司 著

中央経済社

はじめに

2015年にコーポレートガバナンス・コードが施行されて以来，日本企業のコーポレートガバナンス改革が本格化した。多くの企業の取り掛かりは，コード対応であったが，一方で，これらの対応を皮切りにして，実質的な経営の高度化を目指す企業も多く存在する。

一方で，コーポレートガバナンス改革は進むものの，取締役会改革については，様々な課題が顕在化している。特に，コーポレートガバナンス改革の基本思想はOECD原則を意識したモニタリングモデルであり，コーポレートガバナンス・コードやその後の実務指針でも，その方向性を打ち出しているが，日本企業では，モニタリングモデルを意識しつつも，会社法上の制約や，独立社外取締役の量的な不足などもあり，取締役会の監督機能の強化は途上であるというのが現実である。

このような課題を抱えながらも，コーポレートガバナンス改革を取り巻く環境の変化がさらに加速する。本年６月にコーポレートガバナンス・コードの改訂版が正式に公表されたが，その背景には東証市場再編があることは周知のことである。

東証市場再編では，プライム市場移行企業に対して，「より高度のガバナンス」を求めているが，その背景としては，急速な社会環境の変化，とりわけサステナビリティへの対応が存在する。従来の，株主・投資家に対しての企業価値向上が，マルチステークホルダーに対する社会的価値向上と目線が高くなる分，経営や事業執行に対する監督もより高度かつ複雑になるのである。

これを受けた今回のコーポレートガバナンス・コード改訂は，取締役会の監督機能の強化がうたわれている。独立社外取締役の量的な強化は，可視的であるため，多くの企業にインパクトを与えているが，質的な強化を実現することも要請されており，それを可視化する手段が本書のテーマであるスキル・マトリックスである。

詳細な内容は本編で解説するが，スキル・マトリックスとは，取締役会の機能向上のために，必要なスキルやノウハウ・経験を項目として整理し，取締役がどのスキルを有しているのかを「星取表」の形で可視化するものである。これを作成・開示することで，取締役会の監督機能を適切に果たしうるかを，ステークホルダーが確認できると同時に，企業サイドとして監督機能の脆弱性のリスクを事前に把握し，適切な対処行動を促す狙いがある。

一方で，スキル・マトリックスは作成と開示をコーポレートガバナンス・コードで要請されたものの，スキル項目や，開示対象者，およびスキルの認定など，作成に関する具体的な基準は示されていない。東証市場再編の市場選択が2021年内であり，それに合わせてコーポレートガバナンス・コード改訂を織り込んだ，コーポレートガバナンス報告書を提出することを考えると，初年度は手探りで対応しなければならないというのが現状であり，企業の実務サイドが対応に苦慮しているのが現実である。

このような状況に対応するために，本書ではスキル・マトリックス作成・開示の背景を整理しつつ，コーポレートガバナンス改革における位置づけを踏まえて，具体的な作成手順を解説する。

まず，Chapter 1では，スキル・マトリックスとは何かという基本的な問いに答える。具体的には，冒頭で簡単に解説した，コーポレートガバナンス改革の潮流を深掘りしつつ，スキル・マトリックスを具体的に定義する。一方で，具体的な開示内容については現段階では明確な指針がないため，先行する米国・英国での状況を整理するとともに，国内（TOPIX100）で定時株主総会招集通知においてスキル・マトリックスを先行開示した53社の開示内容についての分析を行った。

続く，Chapter 2では，スキル・マトリックスの定義と，先行開示状況の分析を踏まえて，具体的な作成方法について，プロセスも含めて整理した。特に，調査にあたって関心の高いスキル項目について，各スキルの定義と，スキルを保有するとする判断要件を整理している。

これを踏まえて具体的にスキル・マトリックスを「どこで」，「どのように」

開示するかを整理したものがChapter 3である。ここでは2021年8月時点での，TOPIX100における先行開示会社53社の開示内容を参照しつつ，スキル項目，開示対象者，および関係する情報の開示の在り方などを説明する。

以降では，スキル・マトリックスの開示を踏まえた，今後のガバナンスを展望する。まず，Chapter 4では，2018年に実施したスキル分析と，今回（2021年）に実施した先行開示状況の分析を踏まえ，今後の日本企業のガバナンス力強化に向けて，強化が必要なスキルを整理するとともに，社会環境，経営環境の変化に対応して，今後どのようなスキルが必要になるかを説明する。それに加えてスキル・マトリックスで示した内容が，実際のガバナンス強化に資するものか，さらには持続的に取締役会の機能が維持・向上できるかという課題について，所謂「ボード・サクセッション」との関係も含めて，あるべき方向性についての考察を整理している。

この整理を踏まえChapter 5では，スキル・マトリックスを単に作成し，開示するだけではなく，「ボード・サクセッション」の考えに基づき，取締役会および取締役の機能維持・向上のためにどのように活用するかを，主に後継者計画（サクセッション・プラン）という面に着目して整理するとともに，これらの取組を進め，取締役会および取締役がスキル・マトリックスどおりのパフォーマンスを発揮するための課題と解決策について論じる。

なお，Chapter 2，Chapter 3で，スキル・マトリックスの作成と開示について，詳細に説明するが，2つの章に説明が跨るため，実務的なスケジュールが見えづらくなるのではという懸念がある。そのため，先行開示企業の分析をもとに，タスク・スケジュールのモデルケースを掲載した。

スキル・マトリックスについては，実務指針等が存在しないため，具体的な作成・開示は自社の判断に拠るものとなる。その中で，本書がスキル・マトリックス作成に携わる実務担当者の業務推進，さらにはスキル・マトリックスを足掛かりとしたコーポレートガバナンス改革推進の一助となれば幸いである。

2021年11月

山田　英司

目　次
Contents

Chapter 4　スキル・マトリックス作成・開示における日本企業の課題

Chapter 1

スキル・マトリックスとは何か

本書のテーマであるスキル・マトリックスとは，コーポレートガバナンス改革における取締役会の機能強化を実現するための手段の1つである。そのため，スキル・マトリックスを適切に作成・開示・運用するためには，近年のコーポレートガバナンス改革の流れを理解する必要がある。また，コーポレートガバナンス改革そのものが，米国・英国のガバナンスを範としており，スキル・マトリックスも主に米国企業では一般的に作成・開示がなされている。

そこで，本章では日本におけるコーポレートガバナンス改革の流れを整理するとともに，米国・英国企業での現状も踏まえた上で，「スキル・マトリックス」とは何かということを明らかにしていく。

1 コーポレートガバナンス改革の潮流

まずは，日本におけるコーポレートガバナンス改革の潮流を説明する。

そもそもガバナンスという言葉は，組織の規律や規範を適正な形で維持するという意図で用いられる言葉であるが，コーポレートガバナンスはその中でも，企業を対象とするものである。さらに，近年のコーポレートガバナンス改革とは，社会的な影響力が多い上場企業を対象としている。

[図表１－１] コーポレートガバナンス改革の流れ

	～'90年代前半	'90年代後半～'00年代後半	2015年以降	近年の動き
経済環境	高度成長期からバブル期にかけて右肩上がりの経済環境	バブル崩壊以降の不況の長期化，リストラ等の広がり	グローバル化の加速，事業領域の拡大等により振幅の増す経済環境へ	アフターコロナによる経済の退潮，社会環境変化，そして市場は激動へ
投資家・株主	メインバンク，取引先との持ち合い等による安定株主確保		海外機関投資家等の資本市場への流入により，「物言う株主」が台頭	株主も含めたマルチステークホルダーの時代へ
制度等の変遷	－	・委員会設置会社('03) ・金商法('06) ・J-SOX('06)	・スチュワードシップ・コード('14) ・コーポレートガバナンス・コード('15) ・監査等委員会設置会社('15) ・CGSガイドライン('18) ・グループガイドライン('19)	・社外取締役ガイドライン('20) ・事業再編ガイドライン('20) ・スチュワードシップ・コード改訂('20) ・コーポレートガバナンス・コード改訂('21) ・東証市場再編('22予定)

（出所）日本総研作成

ガバナンス改革の端緒

このコーポレートガバナンス改革は，古くて新しい課題といえる。2000年代初頭においては，いわゆるバブル崩壊後の日本企業の多くで会計不正などの諸問題が顕在化したことを契機に，同様の問題が社会問題化した米国の動きを範としてスタートした。2003年には機関設計の見直しとして商法改正で委員会設置会社が定められたことや，2006年においては，「守りのガバナンス」の強化としてＪ-SOXなどに代表される内部統制が金商法の改正とともに，上場企業では整備されることとなった。

一方で，これらの取組については，粉飾決算など企業内部の不正等が発生しないように一定の牽制を利かせる「守りのガバナンス」主体であったが，その後の議論においては，日本企業が積極的に企業価値を向上させるために，経営陣が積極的に中長期戦略を立案遂行しているかを確認するとともに，投下資本に対してのリターンを得る活動がなされているかを監督する，いわゆる「攻めのガバナンス」についての必要性が高まった。

コーポレートガバナンス・コードによる改革の本格化

さらに，上場企業において投資家への配慮が高まったこともあり，これらの背景をもとに，2014年にスチュワードシップ・コードが，そして2015年にはコーポレートガバナンス・コードが施行された。

コーポレートガバナンス・コードの内容については**図表1－2**のとおりである。特徴としては，先述したとおり「攻め」と「守り」のガバナンスを意識したものであるが，その他の重要なポイントとして，全体構造がガバナンスのグローバル・スタンダードであるOECD原則に準じていることが挙げられる。

ガバナンスのグローバル・スタンダードは，より踏み込んだステークホルダー論のもとで，モニタリングモデルを基本とするというものであるが，このモニタリングモデルについては，「執行と監督の分離」という考えに基づき，実際の業務執行は経営陣に委ね，独立社外取締役を中心とした取締役会が，業務執行状況の監督を行うものである。また，取締役会において中長期の経営方針や戦略の立案や，CEOを中心とする経営陣の指名と報酬などが適正になされているかも監督するものである。

2015年に施行されたコーポレートガバナンス・コードでは，基本原則4において取締役会やその構成である取締役・監査役の役割を示すとともに，モニタリングモデルの重要な役割を担う独立社外取締役会についても言及している。また，基本原則2においては，ステークホルダー論に対応すべく，サステナビリティやダイバーシティについての言及がなされている。さらに，コーポレートガバナンス・コードの施行と歩調を合わせるべく，会社機関についても，よりモニタリングモデルへの移行を後押しするべく法改正が行われ，その結果として2015年の会社法改正において，監査等委員会設置会社の選択が可能となり，現在は**図表1－3**のように3つの会社機関を選択することが可能となった。

［図表１－２］コーポレートガバナンス・コードの内容

コーポレートガバナンス・コード		
第１章	基本原則１	株主の権利・平等性の確保
	原則１－１	株主の権利の確保
	原則１－２	株主総会における権利行使
	原則１－３	資本政策の基本的な方針
	原則１－４	いわゆる政策保有株式
	原則１－５	いわゆる買収防衛策
	原則１－６	株主の利益を害する可能性のある資本政策
	原則１－７	関連当事者間の取引
第２章	基本原則２	株主以外のステークホルダーとの適切な協働
	原則２－１	中長期的な企業価値向上の基礎となる経営理念の策定
	原則２－２	会社の行動基準の策定・実践
	原則２－３	社会・環境問題をはじめとするサステナビリティを巡る課題
	原則２－４	女性の活躍促進を含む社内の多様性の確保
	原則２－５	内部通報
	原則２－６	企業年金のアセットオーナーとしての機能発揮
第３章	基本原則３	適切な情報開示と透明性の確保
	原則３－１	情報開示の充実
	原則３－２	外部会計監査人
第４章	基本原則４	取締役会等の責務
	原則４－１	取締役会の役割・責務（１）
	原則４－２	取締役会の役割・責務（２）
	原則４－３	取締役会の役割・責務（３）
	原則４－４	監査役および監査役会の役割・責務
	原則４－５	取締役・監査役等の受託者責任
	原則４－６	経営の監督と執行
	原則４－７	独立社外取締役の役割・責務
	原則４－８	独立社外取締役の有効な活用
	原則４－９	独立社外取締役の独立性判断基準及び資質
	原則４－10	任意の仕組みの活用
	原則４－11	取締役会・監査役会の実効性確保のための前提条件
	原則４－12	取締役会における審議の活性化
	原則４－13	情報入手と支援体制
	原則４－14	取締役・監査役のトレーニング
第５章	基本原則５	株主との対話
	原則５－１	株主の建設的な対応に関する方針
	原則５－２	経営戦略や経営計画の発表

［図表１－３］日本における会社機関

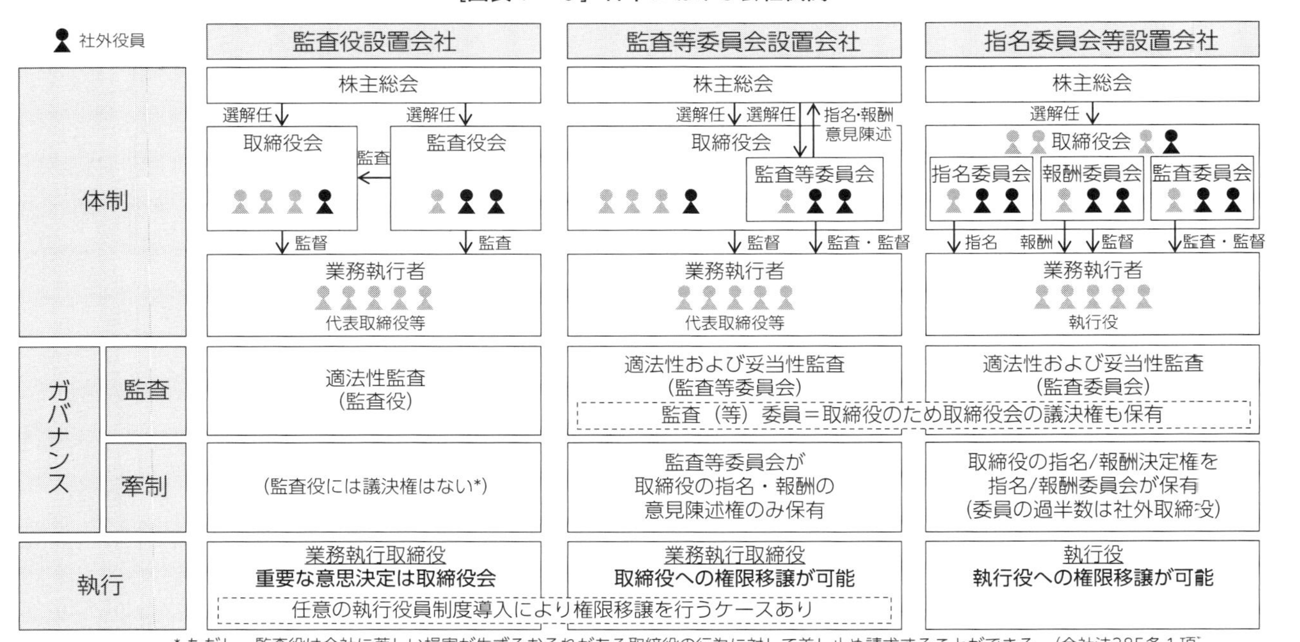

＊ただし，監査役は会社に著しい損害が生ずるおそれがある取締役の行為に対して差し止め請求することができる。（会社法385条１項）

（出所）日本総研作成

上場企業の対応状況

このようにモニタリングモデルに基づいて，執行と監督の分離を進める必要性がコーポレートガバナンス・コードで示されたため，取締役会における監督機能を強化すること，そして監督機能を担う独立社外取締役の重要性が認知された結果，多くの上場企業において，会社機関の見直しや，任意も含めた指名・報酬委員会の設置，さらには独立社外取締役の増員などの検討が進むこととなった。

図表1－4は東証上場企業における独立社外取締役の選任状況および，任意を含めた指名委員会・報酬委員会の設置状況であるが，コーポレートガバナンス・コードが施行された2015年と比較すると，複数の独立社外取締役の選任は，ほとんどの上場企業が対応しており，3分の1以上の選任についても過半数以上が対応していることが見てとれる。

また，指名委員会・報酬委員会についても，任意の諮問委員会を含めて過半数以上の企業が設置しており，外形的・形式的にはコーポレートガバナンス改革は進んでいるものと思われる。

各種の実務指針の整備

その一方で，モニタリングモデルの移行による取締役会および独立社外取締役の監督機能の質的な強化については，多くの企業が今後の重要な課題と認識しているものと想定されるが，コーポレートガバナンス・コードにおいては，取締役会の監督機能の在り方，独立社外取締役の具体的な要件などについては明示されていない。そのため，コーポレートガバナンス・コードを補完し，企業サイドの検討を進めるための各種の実務指針が公表されている。

図表1－5は，コーポレートガバナンス改革を進めるために，会社法やコーポレートガバナンス・コードを実務的な観点から深掘りし，補完するための検討状況を示したものである。

代表的なものとしては「伊藤レポート」が存在するが，その目的はコーポレートガバナンス改革を「形式」から「実質」へ進化するものであるとされる。

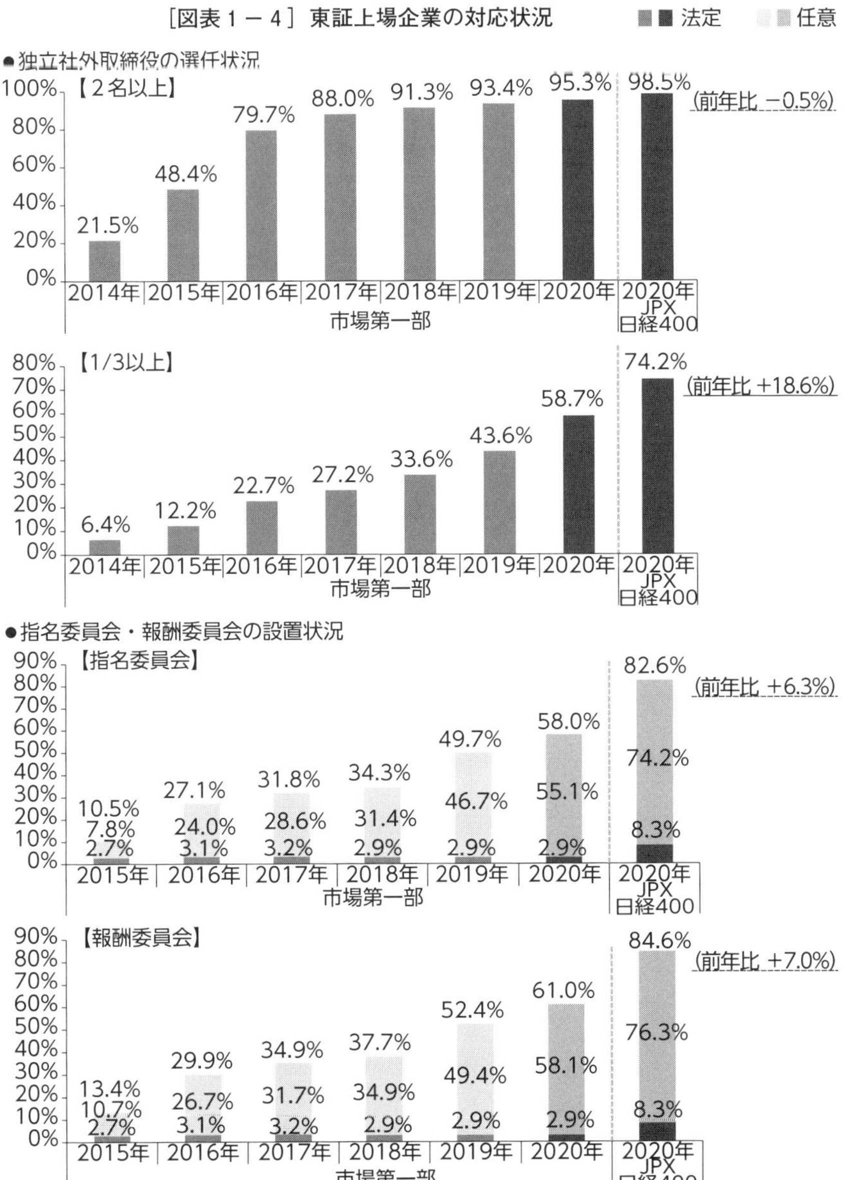

（出所）日本取引所グループ「東証上場会社における独立社外取締役の選任状況及び指名委員会・報酬委員会の設置状況」2020年９月７日

［図表１－５］実務指針等の整備

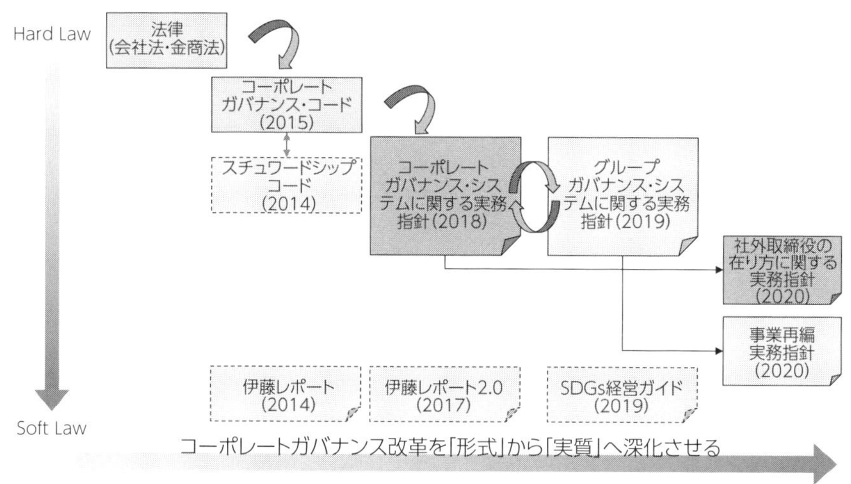

（出所）経済産業省　CGS研究会資料より日本総研が加筆

特に，モニタリングモデルを意識した取締役会および，その構成員である取締役・監査役，さらには独立社外取締役の在り方については，経済産業省が主催するコーポレート・ガバナンス・システム研究会（CGS研究会）で検討し，2018年に公表された「コーポレート・ガバナンス・システムに関する実務指針（CGSガイドライン）」で詳細な考え方が示され，さらに独立社外取締役の役割については，同じくCGS研究会より「社外取締役の在り方に関する実務指針」が2020年に公表された。

この実務指針の内容については，**図表１－６**のとおりである。コーポレートガバナンス・コードを補完するものであるため，モニタリングモデルを前提としたものであり，特に社外取締役の積極的な関与が必要との見解を示している。

また，社外取締役が監督機能を発揮する対象として，経営陣の指名・報酬に着目するとともに，取締役会の監督機能を評価する手段としての実効性評価に触れるなど，より詳細かつ具体化されたものとなっている。

なお，取締役の指名については，本書の中核テーマであるスキル・マトリックスが，企業の取組み例として示されている。

［図表1－6］CGSガイドラインの内容

コーポレート・ガバナンス・システムに関する実務指針（CGSガイドライン）
コーポレートガバナンスの意義
取締役会のありかた 　　取締役会の役割・機能 　　取締役の指名 　　取締役会の議長 　　コーポレートガバナンスの対応部署に係る整備
社外取締役の活用の在り方 　　社外取締役の活用に向けて 　　社外取締役活用の視点 　　社外取締役の人材市場の拡充に向けて
経営陣の指名・報酬の在り方 　　社長・CEOの指名と後継者計画 　　７つの基本ステップ 　　社内者と社外者の役割分担 　　取締役会・指名委員会 　　後継者計画の言語化・文書化 　　情報発信 　　経営者の報酬の在り方
指名委員会・報酬委員会の活用 　　諮問対象者・諮問事項①　社長・CEO 　　諮問対象者・諮問事項②　社外取締役 　　諮問対象者・諮問事項③　社長・CEO以外 　　委員会の構成 　　取締役会との関係 　　委員会の実効性評価
経営陣のリーダーシップの在り方 　　相談役・顧問の在り方 　　取締役会長の在り方

また，今後においてモニタリングモデルを前提としたコーポレートガバナンス改革が進むことになると，優秀な社外取締役の確保が重要なポイントとなる。しかし，その一方で，現段階において多くの企業で社外取締役の増員に関して，候補者が不足していることも事実である。これらを背景にして，社外取締役については候補者も含めて，どのような役割を担い，行動をすべきであるかという観点も含めて，相対的な底上げが必要であるとの認識から，先述のCGS研究

[図表1－7] 社外取締役ガイドラインの内容

社外取締役の在り方に関する実務指針（社外取締役ガイドライン）
社外取締役の５つの心得
社外取締役としての具体的な行動の在り方 就任時の留意事項 取締役会の実効性を高めるための働きかけ 指名・報酬への関与の在り方 取締役会，指名委員会・報酬委員会の実効性評価 取締役会以外の場でのコミュニケーション 投資家との対話やIR等への関与 情報収取，研修・研鑽
会社側が構築すべきサポート体制・環境 社外取締役への情報提供に関するサポート体制・環境 外部の専門家を利用する費用面のサポート

会から2020年に「社外取締役の在り方に関する実務指針（社外取締役ガイドライン）」が公表された。

図表１－７は社外取締役ガイドラインの内容を示したものであるが，内容としては，現役の社外取締役へのヒアリングや企業へのアンケート分析を踏まえて，社外取締役としての心得を整備しつつ，具体的な行動を示したものである。特に，社外取締役の５つの心得においては，社外取締役が業務執行から独立した立場であり，経営の中長期の方向性を考えつつ，執行サイドの監督にあたるべきであり，必要において執行トップである社長・CEOの選解任権を行使しうる旨が整理されており，取締役会が今後，本格的にモニタリングモデルに移行することが相当に意識されている。

これら一連のコーポレートガバナンス改革では，モニタリングモデルへの移行を意識した，取締役会の監督機能強化および，モニタリングモデルの担い手である独立社外取締役の量的・質的向上が重要なポイントとなっており，この実現の手段として，後述するスキル・マトリックスが登場するのである。

2 東証市場改革とコーポレートガバナンス・コード改訂のインパクト

ここまでは，コーポレートガバナンス改革の潮流を説明したが，その中で，日本企業においてもモニタリングモデルに基づき取締役会の監督機能を強化するとともに，その重要な担い手である独立社外取締役の質的・量的な向上が今後の課題であることを説明した。

この流れが，今後も加速すると思われるが，その契機となるのが東証市場改革と，それに歩調を合わせるコーポレートガバナンス・コードの改訂である。

以下では，これらの内容に触れるとともに，企業のコーポレートガバナンス改革に与えるインパクトを整理する。

東証市場改革とCGコードの改訂

まずは，東証市場改革について説明する。**図表1－8**で示すとおり，東証一部企業数の増加や，各市場のコンセプトの曖昧さという問題認識を背景にして，海外機関投資家の取込みも視野にいれた市場の活性化を目指し，東証市場改革の議論が，金融庁の市場ワーキンググループ（市場構造専門グループ）で進められた。

この議論の結果は2019年12月に報告書として公表され，現在の市場区分を，2022年4月を移行日として，プライム・スタンダード・グロースの3市場に再区分することが公表された。この中でも，特にプライム市場については，「より高いガバナンス水準」を備えるとされており，具体的な内容についてはコーポレートガバナンス・コード改訂に委ねられることとなった。

図表1－9は新市場の移行スケジュールを示したものであるが，2022年4月の一斉移行を控え，2021年12月までに市場選択手続きを完了させる必要があるが，特にプライム市場への移行を想定する企業は，コーポレートガバナンス・コード改訂を踏まえた対応をするものとされている。この流れを受け，コーポレートガバナンス・コード改訂に向けての議論が，金融庁の「スチュワード

［図表１－８］東証市場改革の概要

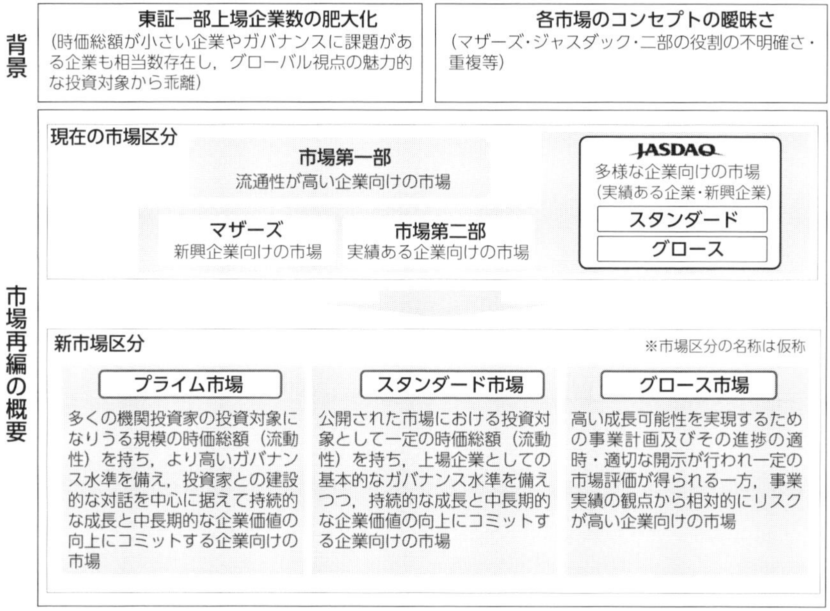

背景	**東証一部上場企業数の肥大化** （時価総額が小さい企業やガバナンスに課題がある企業も相当数存在し，グローバル視点の魅力的な投資対象から乖離）	**各市場のコンセプトの曖昧さ** （マザーズ・ジャスダック・二部の役割の不明確さ・重複等）

市場再編の概要

現在の市場区分

- **市場第一部** 流通性が高い企業向けの市場
- **マザーズ** 新興企業向けの市場
- **市場第二部** 実績ある企業向けの市場
- **JASDAQ** 多様な企業向けの市場（実績ある企業・新興企業）
  - スタンダード
  - グロース

新市場区分　※市場区分の名称は仮称

プライム市場	スタンダード市場	グロース市場
多くの機関投資家の投資対象になりうる規模の時価総額（流動性）を持ち，より高いガバナンス水準を備え，投資家との建設的な対話を中心に据えて持続的な成長と中長期的な企業価値の向上にコミットする企業向けの市場	公開された市場における投資対象として一定の時価総額（流動性）を持ち，上場企業としての基本的なガバナンス水準を備えつつ，持続的な成長と中長期的な企業価値の向上にコミットする企業向けの市場	高い成長可能性を実現するための事業計画及びその進捗の適時・適切な開示が行われ一定の市場評価が得られる一方，事業実績の観点から相対的にリスクが高い企業向けの市場

出所：日本取引所グループ　「新市場区分の概要等について」

シップ・コード及びコーポレートガバナンス・コードのフォローアップ会議」において行われ，2021年３月の改訂案の公開と，パブリックコメントの募集を受け，６月に正式に改訂版が公表・施行された。

CGコード改訂の概要

コーポレートガバナンス・コード改訂案の概要については，図表１－10で示したとおりであるが，新市場への移行対応を踏まえ，2021年12月までには変更後のコーポレートガバナンス報告書の提出を行うものとされている（ただし，プライム市場の上場会社のみを対象とする原則については2022年４月から適用）。

改訂の内容については，コーポレートガバナンスの担い手である取締役会の機能強化に重点が置かれており，特にモニタリングモデルを意識する近年のト

［図表１－９］新市場への移行スケジュール

時期	見直し事項	備考
2020年　3月	制度要綱の公表（現行制度の一部改正） （意見募集手続の実施）	■新規上場・市場変更基準等の改正 ※詳細は次頁参照
7月	現行制度の改正	■本改正後に申請する新規上場会社は，新市場区分の上場基準に近い枠組みで上場
2020年内	制度要綱の公表（新市場区分の制度） （意見募集手続の実施）	■新市場区分の上場基準の詳細 ■既上場会社の移行プロセスの詳細
2021年春～	コーポレートガバナンス・コードの改訂	■プライム市場の上場会社を念頭に，より高い水準が示される想定
2021年　6月末日	移行基準日	■６月末日を基準日として新市場区分の上場維持基準に適合しているか否かを確認（７月末を目途に通知）
2021年　9月～12月	上場会社による市場選択手続	■新市場区分の上場基準と改訂コーポレートガバナンス・コードを踏まえた選択 ■新市場区分の上場維持基準の適合に向けた計画書の内容を開示（公衆縦覧）
2022年　4月1日	一斉移行日	■新市場区分への移行完了

（出所）日本取引所グループ　「新市場区分の概要等について」

レンドを踏まえ，プライム市場移行会社においては，独立社外取締役のさらなる質・量両面での充実が求められている。特に，今回の改訂においては，サステナビリティやダイバーシティについては具体的な目標設定と開示が求められることで，実質的に取締役会が監督するスコープが拡大しているといえよう。

これらの監督を適切に実施するためには取締役会の構成について，その在り方についても重要な改訂がなされている。

具体的には原則４－11において，取締役会が備えるべき多様性に，ジェンダーや国際性の面の他，職歴および年齢という要素が含まれることが明記され，補充原則４－11①で，取締役会が，取締役会全体としての知識・経験・能力の

［図表１－10］コーポレートガバナンス・コード改訂版の概要

コーポレートガバナンス・コード：改訂

取締役会の機能強化
- プライム市場において独立社外取締役は1/3以上，必要に応じて過半数の選任を要請［原則４－８］
- 親子上場で上場子会社がプライムに属する場合は，過半数を独立社外取締役とするか，利益相反を管理するための委員会の設置を求める［補充原則４－８③］
- 指名・報酬委員会等の機能強化と独立性の担保［補充原則４－10①］
- 取締役会におけるスキルの多様性確保，スキルマトリックス作成・開示など［補充原則４－11①］

サステナビリティ重視
- サステナビリティ重視についてSDGsなど概念を拡大。また，気候変動についてはTCFDについて言及，より踏み込んだ表現に［基本原則２：考え方］
- サステナビリティ要素について気候以外の要素も明示。さらに，検討を深めるべきと表現を強調［補充原則２－３］
- 経営戦略の開示にてサステナビリティの取組開示を要請。プライム市場ではTCFD開示を意識［補充原則３－１③］
- 取締役会におけるサステナビリティの基本方針の策定［補充原則４－２②］

ダイバーシティ推進
- 管理職への登用における多様性の促進と数値目標の設定･開示［補充原則２－４］

その他
- 内部統制・リスク管理体制についてグループ全体での強化［補充原則４－３④］
- 取締役会（監査役会）に対する内部統制部門の直接報告する体制の構築［補充原則４－13③］
- 株主との対話に社外取締役，監査役も追加［補充原則５－１①］
- 経営戦略の策定・公表に際し，事業ポートフォリオの方針・見直し状況を示す［補充原則５－２①］

投資家と企業の対話ガイドライン：改訂

(対話において)
- サステナビリティ要素を重視。経営計画への取込みや，委員会の設置
- 実効性評価を通じた，取締役会・委員会，各取締役の評価
- 取締役会のスキル構成の妥当性と，監督の実効性担保

（出所）東京証券取引所 「コーポレートガバナンス・コードの（改訂版）」2021年６月11日より日本総研が抜粋・加筆

バランス，多様性および規模に関する考え方を定めるにあたり，「経営戦略に照らして自らが備えるべきスキル」を特定し，それら各取締役の知識・経験・能力を一覧化したいわゆるスキル・マトリックスをはじめ，経営環境や事業特性等に応じた適切な形で取締役の有するスキル等の組合せを開示することが求められている。

また，先述のとおり取締役会が行うべき監督のスコープの多様化，複雑化に対応するために，独立社外取締役には，他社での経営経験を有するものを含め

［図表1－11］プライム市場に求められる改訂項目

	全上場企業	プライム市場	コードの内容
取締役会の機能発揮		●	•独立社外取締役を3分の1以上選任（必要と考える場合は過半数を選任）
		●	•親子上場の企業（子会社側）は透明性確保の観点から独立社外取締役を過半数選任
		●	•指名委員会・報酬委員会の過半数を独立社外取締役とし，委員会の独立性に関する考え方・権限・役割等を開示
	●	●	•経営戦略に照らして取締役会が備えるべきスキルと各取締役のスキルの対応関係の開示
企業の中核人材における多様性確保	●	●	•管理職における多様性の確保についての考え方と測定可能な自主目標の設定
	●	●	•多様性の確保に向けた人材育成方針・社内環境方針をその実施状況とあわせて公表
サステナビリティをめぐる課題への取り組み	●	●	•サステナビリティについて基本的な方針を策定し自社の取り組みを開示
		●	•TCFD又はそれと同等の国際的枠組みに基づく気候変動対応の開示の質と量を充実化

（出所）東京証券取引所　「コーポレートガバナンス・コード（改訂版）」
2021年6月11日より日本総研が抜粋・加筆

ることが，同じく補充原則4－11①で求められている。

東証市場改革および，コーポレートガバナンス・コード改訂は，特に米国・英国のモニタリングモデルを意識するプライム市場への移行を想定している企業には大きなインパクトを及ぼすであろう。

図表1－11のとおり，プライム市場に求められる改訂項目は多岐にわたり，その多くが取締役会における監督のスコープ拡大と，監督機能を強化するための方策である。

課題となる独立社外取締役の確保

特に，移行を想定している企業にとって焦眉の急であるのは，独立社外取締役の量的・質的な強化である。前述のとおり，東証上場企業の6割弱が3分の1以上の独立社外取締役を選任しているが，残り4割の企業が対応を迫られることとなるであろう。現在，2,000社が東証一部に上場していることから，約800社が1名～2名の独立社外取締役の増員対応をする場合は，延べ人数で1,000名以上の独立社外取締役が必要になると思われる。

さらに，中長期的には取締役会においては，過半数の独立社外取締役が必要になることを見越して，先進的な企業が，独立社外取締役の確保を進めることも想定される。

加えて，一定年限を経過した独立社外取締役の入替えなど，今後は更なる独立社外取締役の不足が想定されると思われる。なお，これらの量的な不足への対応は一次的なものであり，今後はさらに質的な確保が重要になると思われる。特に，従来から課題とされてきたファイナンスやリスクマネジメントに関係するスキルに加え，サステナビリティーやデジタル，ダイバーシティなど監督スコープの拡大も見据えた取締役会の構成員の拡充を図る必要があり，特にスキル・ノウハウを確認するための手段としてスキル・マトリックスの作成と運用が注目されているのである。

3 スキル・マトリックスとは何か

それでは，スキル・マトリックスとは何か，その内容について説明する。先述のとおり，補充原則4－11①において「取締役の有するスキルの組合せ」の開示を求められており，スキル・マトリックスを「各取締役の知識・経験・能力等を一覧化したもの」と定義づけられている。

なお，スキル・マトリックスはあくまでも取締役の有するスキルの組合せの開示にかかる一手法として例示されたに過ぎず，開示を強制されるものではなく，具体的には，コーポレートガバナンス・コードにおけるComply or Ex-

[図表１－12] スキル・マトリックスの概念

<参考：企業の取組例>
- 取締役会に必要な資質を表にまとめ，どの取締役がどの資質を備えているかという表を作成して，取締役の指名において足りない資質等を検討している取組例
（取締役に求める資質とそれを満たす取締役の検討方法の例）

資質／取締役	経営全般	業界知識	国際的経験	営業販売	技術研究開発	ICT	行政経験	法務	財務会計
A	●	●	●						
B	●	●		●					
C		●			●				
D			●					●	
E			●				●		
F	●					●			
G									●

（AからDまで：社内取締役，EからGまで：社外取締役）

（出所）経済産業省　CGSガイドライン

plainの原則に基づいて，各取締役のスキルを説明する合理的な代替手段や，開示しない理由があれば，その旨を示せば良い。

一方で，後述するスキル・マトリックスの先行開示状況を考慮すると，今後は多くの企業でスキル・マトリックスの作成・開示が進むものと思われるが，現段階では，スキル・マトリックスについて，具体的な作成・開示方法についての基準は存在せず，各企業の判断に委ねられる。

なお，スキル・マトリックスという表現はしていないものの，先述のCGSガイドラインにおいては，**図表１－12**のような説明がなされている。

説明によると，スキル・マトリックスとは取締役会を運営するために必要な資質を整理したうえで，各取締役がそれらの資質をどの程度具備しているかを，「星取表」の形で整理したものであり，これを開示することにより，取締役会がガバナンス上適切な機能を果たし得るかを，投資家等のステークホルダーが確認できるというものである。

さらに着目すべきは，CGSガイドラインでも説明されているとおり，スキ

ル・マトリックスは，取締役会の構成員である各取締役の資質の保有状況を説明・開示するに留まらず，取締役の指名を検討するための有益な手段であるという点である。コーポレートガバナンス改革により，取締役会の監督機能が重用とされ，かつその監督のスコープも拡大すると思われる中で，スキル・マトリックスが，取締役会や指名委員会で積極的に活用されることが期待されていると思われる。

スキル・マトリックスの作成にあたっては，取締役会を機能させるために必要な資質が何かを整理するとともに，それぞれの取締役がその資質を有しているかを判断することが必要である。一方で，取締役会の性質により作成・開示の対象を全取締役にするのか，独立社外取締役に限定するのかについても検討が必要である。

しかしながら，先述のとおり現段階では，スキル・マトリックスについては具体的な作成・開示に関する基準が存在せず，各社の自律的な判断にゆだねられている。そこで，以降においては，モニタリングモデルが定着している米国・英国におけるスキル・マトリックスの開示状況と，日本国内の先行開示状況を分析することで，今後の作成の手掛かりを模索する。

4 米国・英国企業の状況

米国・英国企業の状況理解の必要性

近年の一連のコーポレートガバナンス改革は，モニタリングモデルを意識したものであり，そのためモニタリングモデルが定着している米国・英国企業の動向を把握することは一定の意義があると言われているが，一方で日本企業では，依然としてマネジメントモデルの要素が残っている，いわゆるモニタリングモデルへの移行期であるとともに，機関設計においても監査役会設置会社という，米国・英国企業にない形態を多くの企業が採用していることから，安直に模倣すべきではないという意見も存在する。

しかしながら，東証市場改革を控えた議論においては，市場再編の意図として，特にプライム市場については，「より高いガバナンス水準を備え，投資家との建設的な対話を中心に据えて持続的な成長と中長期的な企業価値の向上にコミットする企業及びその企業に投資をする機関投資家や一般投資家のための市場」と位置づけ，その結果として，「我が国を代表する投資対象として優良な企業が集まる市場」を目指している。

さらに，プライム市場への参加を期待する機関投資家について考察すると，**図表１－13**のとおり，資産保有残高上位の企業や，日本の株式市場の投資残高上位の企業は，その多くが米国，英国のものである。したがって，プライム市場においては，一定程度は当該機関投資家が慣れ親しんでいる，米国・英国企業のコーポレートガバナンスの状況を理解したうえで，自社のガバナンスの在り方を検討する必要があると思われる。

そこで，単なる模倣ではなく，米国・英国のコーポレートガバナンスを理解し，日本企業との違いを理解したうえで，米国・英国におけるスキル・マトリックスの作成目的，およびその内容について，以下で整理する。

米国・英国企業の取締役会

まずは，米国・英国企業の取締役会についての基本的なデータからガバナンスの全体像を把握することとする。

図表１－14は，米国企業（S&P100：98社），英国企業（FTSE100：77社）の2018年度における，取締役会の人員構成や，各種委員会の設置状況等を整理したものである。なお，参考のために日本企業（TOPIX100：100社）のデータを記載しているが，比較の便を考慮し，取締役会に加えて監査役会に関するデータを合算して表記している。

まず，取締役の人員構成であるが，米国・英国共に，過半数が独立社外取締役で占められている。具体的には，米国企業については１～２名，英国企業では３名弱が業務執行役員であり，一般的にはCEOを中心に企業の規模や業態に応じてCOO，CFOが取締役メンバーになる構造となっている。

また，取締役会を補完する委員会については，指名委員会，報酬委員会，お

［図表１－13］日本における投資環境

市場WG　市場構造専門G報告書 2019.12.27	投資家の状況
（コンセプト） プライム市場のコンセプトは，「多くの機関投資家の投資対象になりうる規模の時価総額・流動性を持ち，より高いガバナンス水準を備え，投資家との建設的な対話を中心に据えて持続的な成長と中長期的な企業価値の向上にコミットする企業及びその企業に投資をする機関投資家や一般投資家のための市場」とすることが考えられる。 （ガバナンス） プライム市場に上場する企業については，我が国を代表する投資対象として優良な企業が集まる市場にふさわしいガバナンスの水準を求めていく必要がある。これについては，企業の持続的な成長と中長期的な企業価値向上をより実現していくという観点も踏まえ，今後，コーポレートガバナンス・コードなどの改訂等を重ねる毎に他の市場と比較して一段高い水準のガバナンスを求めていくことなどによってガバナンスを向上させる必要がある。その上で，プライム市場に上場する企業においては，自らの属する市場区分の選択を踏まえ，プライム市場にふさわしいコンプライの状況やエクスプレインの質などを達成していくことが強く期待される。	**資産残高上位10ファンド** 1. BlackRock (US) 2. Vanguard Asset Management (US) 3. State Street Global Advisors (US) 4. Fidelity Investments (US) 5. BNY Mellon (US) 6. J.P. Morgan Asset Management (US) 7. Capital Group (US) 8. PIMCO (UK) 9. PGIM (US) 10. Amundi (FRA) **我が国における資産残高上位10ファンド** 1. BlackRock Fund Advisors (US) 2. State Street Global Advisors (US) 3. The Vanguard Group. Inc (US) 4. Norges Bank Investment Management (UK) 5. Capital Research & Management Company (US) 6. Abu Dhabi Investment Authority (UAE) 7. Nomura Asset Management Co., Ltd. (JPN) 8. Mellon Capital Management Corporation (US) 9. Wellington Management Company LLP (US) 10. BlackRock Advisor (UK) Limited (UK)

（出所）経済産業省「平成27年度 内外一体の経済成長戦略構築にかかる国際経済調査事業」

よび監査委員会などの基本的な委員会に加え，米国では２つ，米国では１つ程度の専門委員会を設置している。具体的な専門委員会としては，ファイナンスやリスクなどが一般的であるが，近年では多くの企業の関心事であるサステナビリティ，DXを含めたイノベーションなどが挙げられる。

これらを総合すると，米国企業，英国企業においてはモニタリングモデルに基づき，取締役会は独立社外取締役が，業務執行取締役の報告を受けて執行状

［図表１－14］米国・英国の取締役会に関する基本情報

	米国 (S&P100)	英国 (FTSE100)	参考：日本 (TOPIX100)
Board構成 (平均人数)	全体：11.87名 ED：1.63 NED：10.24 (NED比率：86.3%)	全体：10.44名 ED：2.90 NED：7.54（Chairman含む） (NED比率：72.3%)	全体：14.63名 社内：8.37 社外：6.26 (社外比率：42.8%) ※取締役会＋監査役会で集計
委員会の 平均設置数	4.58	4.01	2.78
委員会の 状況	基本となる委員会 Audit Nomination& Governance Compensation その他の委員会(多い順) Finance, CSR, Risk, Innovationなど ※その他に不定期でExecutive Committeeを開催する企業も多く存在	基本となる委員会 Audit Nomination Remuneration その他の委員会（多い順） CSR, Risk, Finance, Innovationなど	基本となる組織 監査役会もしくは監査委員会，監査等委員会（法定） その他の委員会 指名委員会，報酬委員会については指名委員会等設置会社は必至，その他は任意の諮問機関

■監査・報酬・指名以外の委員会の設置状況

カテゴリー	米国（S&P100：98社）	英国（FTSE100：77社）
Executive（戦略関連）	31社	８社
Finance（財務・調達／投資・M&A関連）	40社	７社
Sustainability（サステナ，ESG，CSR関連）	33社	33社
Risk（リスクマネジメント関連）	18社	17社
Technology（技術，イノベーション関連）	26社	７社

■サスティナビリティ関連の委員会を設置している企業（2018）

米国　S&P100 98社中33社が設置

（主な企業）Amgen, American Express, DuPont de Nemours, Goldman Sacs, JP Morgan, Lowe's, Mc'Donald, Pepsico, AT&T, Wells Fargoなど

英国　FTSE100 77社中33社が設置

（主な企業）Angro American, BT Group, GlaxoSmithKline, InterContinental Hotels Group, Lloyds Banking Group, Rio Tinto Group, The Royal Bank of Scotland Group, Sainsbury's, Tesco, Unileverなど

（出所）米国S&P100中98社，英国FTSE100中77社のProxy Statement（米国），Annual Report（英国）をもとに日本総研で簡易分析

[図表1－15] 米国・英国企業におけるスキル・マトリックスの位置づけ

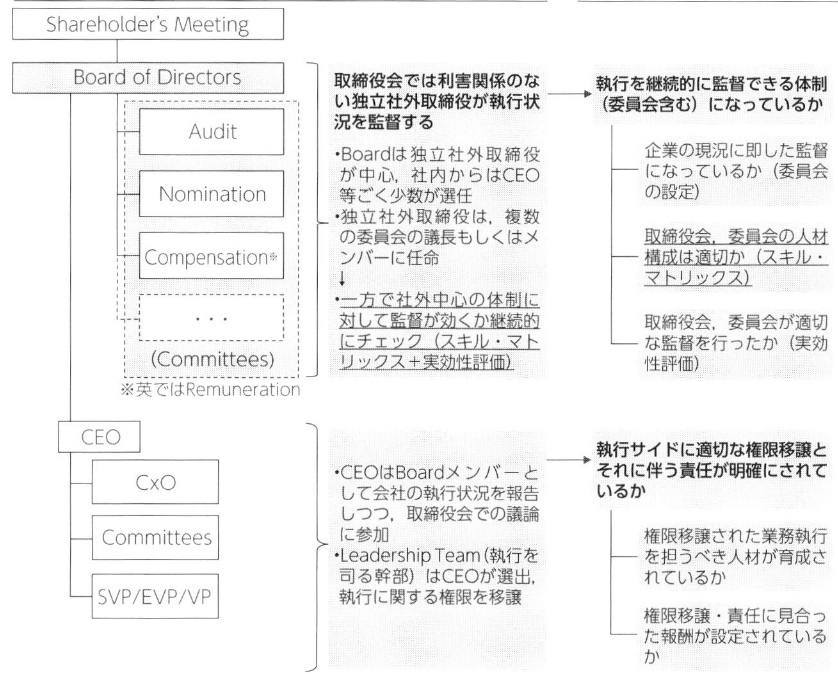

（出所）日本総研作成

況を確認する形になっている。

また，近年では取締役会での監督のスコープが増加しているため，取締役会の下部機関として委員会を設置する傾向にある。特に，米国企業は英国企業と比較すると，委員会の設置数が多く，より多くの社外取締役が必要であることが見てとれる。

これらに従い，米国・英国企業におけるガバナンス構造と，スキル・マトリックスの位置づけを整理したものが図表1－15である。米国・英国企業ではモニタリングモデルに基づき，取締役会では利害関係のない独立社外取締役が経営陣の執行状況を監督する形であるが，監督の役割を果たす独立社外取締役を無条件に信用しているわけではない。

また，近年において経営が複雑化していることを受けて監督すべきスコープも増加しているため，複数の取締役で分担して監督に当たる必要がある。

これらを背景にして，特に独立社外取締役が監督に足るスキルや経験，ノウハウを有しているか，またどの分野に対して監督を行うかを判断するためにスキル・マトリックスが有効な手段として活用されていると想定される。

米国・英国企業のスキル・マトリックス

それでは，米国・英国におけるスキル・マトリックスの作成・開示状況はどのようになっているであろうか。

図表1－16は英国・米国企業のスキル・マトリックスの状況を整理したものであるが，筆者の2018年度の調査によると，米国では調査した98社に対して81社がスキル・マトリックスを開示，6社が開示しないまでも取締役に必要とされるスキル要件の詳細を開示しており，スキル・マトリックスの開示が定着している。一方，英国では調査した78社のうち開示は29社，スキル要件の詳細な開示は2社にとどまっている。

これを，前出の独立社外取締役比率や，取締役会の下部組織として設定されている委員会数から考察すると，米国の方が監督の項目を詳細に定義し，一部を複数の委員会で詳細に検討する形にしているため，より多くの独立社外取締役を必要としている。そのため，多数にわたる独立社外取締役の選任の適格性に加え，委員会へのアサインが適切であるかを確認する手段としてスキル・マ

［図表1－16］米国・英国企業におけるスキル・マトリックスの開示状況

	米国 (S&P100：98社)	英国 (FTSE100：77社)
スキル・マトリックスを開示	81社	29社
必要なスキル要件の詳細を開示	6社	2社
詳細な開示なし	11社	46社

[図表１－17] スキル・マトリックスの掲載項目（2018年度）単位：社

スキル・経験		米国（87社）	英国（31社）
全般	経営全般	73	13
	グローバル	67	14
事業軸	経営戦略	21	8
	事業戦略	45	19
	営業・マーケティング	51	26
	R&D	52	11
	生産・技術	26	17
	品質・安全	0	0
	SCM・購買	5	0
機能軸	経営管理	2	0
	財務会計	77	23
	ファイナンス（調達・投資）	76	24
	M&A	13	4
	経済	2	2
	DX/ITC	45	12
	組織・人事	25	10
	ダイバーシティ	0	0
	法務・コンプライアンス	23	5
	リスクマネジメント	43	10
	内部統制・監査	8	13
	ガバナンス	53	12
	行政対応	60	14
	サステナビリティ	17	11
セクター	業界経験	62	21
	学術	9	3
	金融セクター	14	8

[図表１－18] 米国・英国のスキル・マトリックス概要

	米国（87社）	英国（29社）
スキル項目数	8.7 最小５，最大14	7.8 最小４，最大13
取締役１人当たりのスキル保有数	5.2	4.2

トリックスの活用と開示が浸透していると思われる。

さらに，スキル・マトリックスの内容を詳細に分析してみる。**図表１－17**は米国・英国企業でスキル・マトリックスを開示している企業において，開示するスキル項目について分析したものであるが，経理・財務およびファイナンス・投資にかかるスキルは共通しているものの，その他の項目は米国，英国で異なっていた。米国は経営全般・グローバルと，ガバナンス，行政対応，業界経験が共通のスキル項目としてみられる一方で，英国は比較的分散している。

なお，両国において，スキル・マトリックスにおいてはどの程度のスキルをピックアップしているか，および取締役１人あたりが有するスキル数がどの程度かを示したものが，**図表１－18**である。スキル項目数と保有数については平均値については，米国の方が多めに出ているが，これは両国の取締役会の人数規模や委員会の設置数に相関しているものと思われる。

米国・英国企業のスキル認定基準

さらに，米国・英国のスキルの認定基準について開示書類を基に分析を試みたが，日本同様，スキル・マトリックスの作成に確たる基準がなかったため，認定されるスキルの基準は各社で大きく異なると思われる。

そこで，筆者は各社の役員の経歴を参照して，可能な限り同一レベルでスキ

［図表１－19］取締役のスキル構成（抜粋・参考）

スキル・経験		米国（1,163）	英国（804）
全般	経営全般	57.9%（673）	35.6%（286）
	グローバル	71.3%（829）	69.7%（560）
事業軸	経営戦略	72.0%（837）	70.8%（569）
機能軸	ファイナンス（調達・投資）	67.0%（779）	59.5%（478）
	財務会計	31.3%（331）	27.2%（219）
	リスクマネジメント	57.0%（663）	59.5%（478）
	内部統制・監査	42.1%（490）	52.5%（422）
	サステナビリティ	9.4%（109）	6.0%　（48）

ル保有状況を整理し，スキル構成を分析した。その抜粋が**図表１－19**であるが，前出のスキル項目の頻度と実際のスキル構成は必ずしも一致しないことが分かる。

5　日本企業の状況

前項では，コーポレートガバナンスにおいてモニタリングモデルが定着している米国・英国企業の状況を整理したが，特に米国企業では，複雑化する経営を適切に監督するために，多数の委員会を設置する中で，監督の役割の中心を担う独立社外取締役が，適切なスキルを有しているか，また委員会などのメンバーに就任するにあたりそのスキルマッチが適正であるかを判断するツールとしてスキル・マトリックスが活用されていることを説明した。

一方で，先述のとおり日本企業では，コーポレートガバナンス改革は進むものの，マネジメントモデルの要素が残る状態であり，米国や英国と様相が異なることも事実である。そこで，本項においては日本企業（TOPIX100）の取締役における会社機関の選択状況や，独立社外取締役の選任状況を踏まえつつ，スキル・マトリックスを株主総会招集通知での先行開示状況とともに，スキル・マトリックス作成・開示の方向性について考察する。

会社機関の選択状況

まずは，日本企業（TOPIX100：99社）の2021年時点での会社機関の選択状況等を整理する。

図表１－20は会社機関の選択状況と，取締役会における独立社外取締役の選任状況を整理したものである。

2018年時点で同様の調査をした際は100社中，監査役会設置会社が70社であったが，今回の調査と比較すると，この間に13社が委員会設置会社へ移行したことになるが，具体的には監査等委員会設置会社へ４社，指名委員会等設置会社へ９社移行した。

［図表１－20］取締役会の人員構成（TOPIX100，会社機関別）

	取締役総数 平均人数	社外取締役 平均人数	社外取締役 過半数
全体（n＝99）	11.2名	5.1名 (45.7%)	27社
監査役会設置会社（n＝57） ※監査役は含まず	10.5名	4.0名 (38.1%)	6社
監査等委員会設置会社（n＝16）	12.1名	5.7名 (47.4%)	4社
指名委員会等設置会社（n＝27）	12.1名	7.0名 (58.4%)	17社

さらに社外取締役比率に目を転じると，全体では前回の36.7%から，今回は45.7%と大幅に増加した。一方で，監査役会設置会社については，前回の30.1%から38.1%へ増加しているものの，プライム市場で求められる３分の１を超えた程度に留まり，過半数を大きく超える指名委員会等設置会社と二極化の様相を示している。

取締役会における女性比率と外国人比率

なお，近年のコーポレートガバナンス改革においては，取締役会のメンバーについても多様性が求められている。そこで今回の調査では取締役会における女性比率と外国人比率についても調査を行った（図表１－21）。

［図表１－21］取締役会における女性・外国人比率（TOPIX100）

	女性比率	女性ゼロ 会社数	外国人比率
全体（n＝99）	14.1%	8社	3.3%
監査役会設置会社（n＝57） ※監査役は含まず	12.2%	8社	3.0%
監査等委員会設置会社（n＝16）	14.4%	0社	2.6%
指名委員会等設置会社（n＝27）	17.4%	0社	4.4%

まず，女性比率であるが全体としても２割を大きく割り込んでおり，外国人比率においては５％に満たないという結果であり，取締役の多様性については十分でないことが改めて明確となった。なお，女性比率においては会社機関の間では一定の差があり，女性ゼロの会社はすべて監査役会設置会社であり，ここでも，ガバナンス対応における二極化が垣間見える。

日本企業のコーポレート・ガバナンス対応

これらの調査を踏まえると，現在の日本企業のコーポレートガバナンス対応は大きく３つに分かれると思われる。

①　モニタリングモデル指向の企業

指名委員会等設置会社に多く見られるが，監督と執行を分離し，取締役会は徹底的に監督機能に徹する。その結果，取締役会の構成については過半数が独立社外取締役となり，取締役会議長や指名委員会・報酬委員会の委員長などの役割も独立社外取締役に委ねる。

②　モニタリングモデルへ移行途中の企業

監査等委員会設置会社や，監査役会設置会社については，現行会社法では，一定の業務執行については取締役会で意思決定されるものとなっている。このため，可能な限り業務執行取締役に権限移譲を進めつつ，取締役会での意思決定は最小限に留め，中長期的にモニタリングモデルへの移行を指向する。

③　一定のマネジメントモデルの性格を残すハイブリット企業

取締役会において一定の意思決定を行うことを継続しつつも，近年のコーポレートガバナンス改革の趣旨を理解の上で，独立社外取締役を中心として適切な監督機能をどのように発揮すべきかを検討する。

コーポレートガバナンス・コードにおいては，モニタリングモデルへの移行を意識しているため，①のタイプの企業においては，独立社外取締役が監督機能を発揮することができるかを確認する手段とした，米国・英国企業のスキル・マトリックスとの親和性が高いと思われる。一方で，②や③のタイプの企業においては，取締役会において一定の意思決定機能が必要なため，米国・英国のやり方に倣うことは，必ずしも適切ではない。したがって，次章以降のスキル・マトリックスの作成・開示については，これらの３つのパターンを意識した解説を行う。

先行開示企業の状況

次に，日本企業におけるスキル・マトリックスの先行対応の状況を把握する。2015年のコーポレートガバナンス・コード施行後，一部の企業においては早期にモニタリングモデルを意識して，スキル・マトリックスの作成・開示を行っており，さらに今回のコーポレートガバナンス・コード改訂を見据えて，スキル・マトリックスの先行開示に踏み切った企業も少なからず存在する。

特に，2020年11月の会社法施行規則の改正で，社外取締役が果たすことが期待される役割に関して行った職務の概要を事業報告で記載することが求められており（会社法施行規則124条４号ホ），先行開示企業の多くが株主総会招集通知に，上記の補足資料としてスキル・マトリックスを開示している。そこで，2020年12月時点でのTOPIX100企業（99社）について2021年８月時点での直近の株主総会招集通知をもとに，スキル・マトリックスを開示している53社（**図表１－22**）について分析を行った。

まずは先行開示企業が選択している会社機関であるは**図表１－23**のとおりであるが，一般論としてモニタリングモデルとの適合性が高く，独立社外取締役が数的にも多いとされる指名委員会等設置会社が先行開示の率が一番高いという結果となっている。

次に，先行開示企業の役員構成を**図表１－24**で示すが，ここでも指名委員会等設置会社は独立社外取締役の占有率が過半数を超えており（実質は18社中11社が過半数），モニタリングモデルへの指向度合いが高いと想定される。

なお，監査役会設置会社においては，取締役に加え監督機能の一部を担う監査役を合算すると社外の人数と占有率が高まる点に留意が必要である。

そのため，スキル・マトリックスの作成・開示を行う際には監査役も含めて

［図表１－22］スキル・マトリックス先行開示企業（53社）

大和ハウス工業，積水ハウス，アサヒグループホールディングス，キリンホールディングス，セブン&アイ・ホールディングス，旭化成，三菱ケミカルホールディングス，塩野義製薬，エーザイ，第一三共，大塚ホールディングス，Ｚホールディングス，富士フイルムホールディングス，資生堂，ENEOSホールディングス，小松製作所，クボタ，三菱電機，パナソニック，ソニーグループ，シスメックス，ファナック，村田製作所，日産自動車，SUBARU，オリンパス，HOYA，伊藤忠商事，丸紅，三井物産，東京エレクトロン，住友商事，三菱UFJフィナンシャル・グループ，りそなホールディングス，三井住友トラスト・ホールディングス，三井住友フィナンシャルグループ，みずほフィナンシャルグループ，オリックス，大和証券グループ本社，野村ホールディングス，SOMPOホールディングス，日本取引所グループ，第一生命ホールディングス，東京海上ホールディングス，三井不動産，ANAホールディングス，日本電信電話，KDDI，ソフトバンク，中部電力，関西電力，ニトリホールディングス，ソフトバンクグループ

［図表１－23］先行開示企業の会社機関

	監査役会 設置会社	監査等委員会 設置会社	指名委員会等 設置会社
全社数 (99社)	57社	16社	27社
先行開示会社 (53社)	28社 (49.1%)	7社 (43.8%)	18社 (66.6%)

※（　）の百分率は開示している会社の比率

［図表１－24］先行開示企業の役員構成

	監査役会 設置会社	監査等委員会 設置会社	指名委員会等 設置会社	全体
総取締役	10.8人 (15.7人)	13.0人	12.4人	11.7人
社外取締役	4.3人 (7.4名)	5.6人	7.2人	5.5人
占有率	40.5% (46.8%)	42.9%	57.6%	47.1%

※（　）は取締役，監査役の合算値

行うべきかの議論が必要になると思われる。

スキル・マトリックスの内容

次に，先行開示企業53社のスキル・マトリックスの内容について分析を行う。まず，開示しているスキル項目の数であるが，**図表１－25**のとおりとなっている。全体の平均は7.38であるが，６～８個のスキルを開示している企業で過半数を占めている。なお，先述のとおり米国で8.7個，英国では7.8個となっており，最大項目についても米国は14個，英国では13個であるため，概ね同水準といえよう。

さらに，このスキル項目の内容について，分析を行う。米国，英国同様，日本でも，スキル・マトリックスの作成・開示については，先述のとおり具体的なルールや基準が存在しない。特にスキル項目は複数の要素が統合されているため，スキルを細分化して米国・英国と同様の分析で再整理したところ，**図表１－26**のような構成であった（なお，参考のため米国，英国の2018年のデータ

［図表１－25］開示するスキル項目数

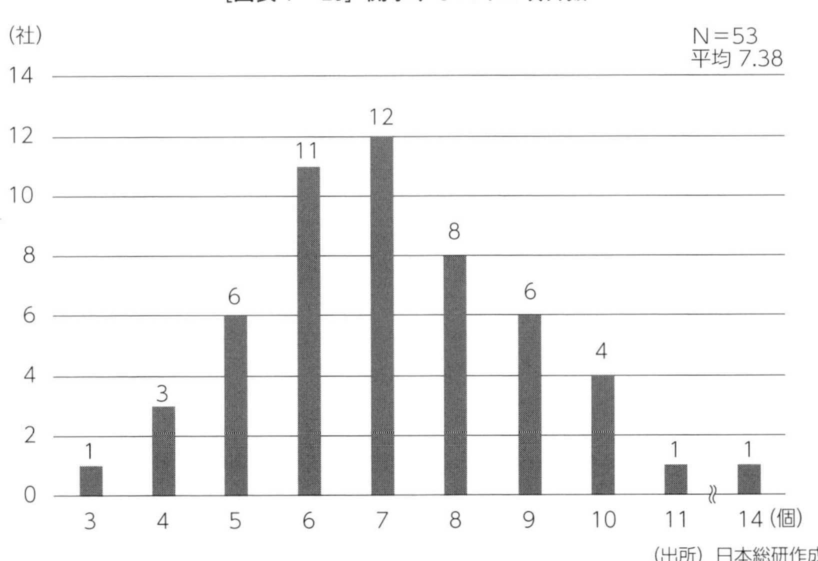

（出所）日本総研作成

［図表１－26］スキル・マトリックスの掲載項目

単位：社

スキル・経験		先行開示	参考：米国	参考：英国
全般	経営全般	46 (86.8%)	(83.9%)	(41.9%)
	グローバル	46 (86.8%)	(77.0%)	(45.1%)
事業軸	経営戦略	12 (22.6%)	(24.1%)	(25.8%)
	事業戦略	18 (34.0%)	(51.7%)	(61.2%)
	営業・マーケティング	24 (45.2%)	(58.6%)	(83.9%)
	R&D	29 (54.7%)	(59.8%)	(35.5%)
	生産・技術	19 (35.8%)	(29.9%)	(54.8%)
	品質・安全	1 (1.9%)	(0.0%)	(0.0%)
	SCM・購買	4 (7.5%)	(5.7%)	(0.0%)
機能軸	経営管理	3 (5.7%)	(2.3%)	(0.0%)
	財務会計	49 (92.4%)	(88.5%)	(74.2%)
	ファイナンス（調達・投資）	19 (35.8%)	(87.3%)	(77.4%)
	M&A	4 (7.5%)	(14.9%)	(12.9%)
	経済	4 (7.5%)	(2.3%)	(6.5%)
	DX/ITC	26 (49.1%)	(51.7%)	(38.7%)
	組織・人事	19 (35.8%)	(28.7%)	(32.3%)
	ダイバーシティ	8 (15.1%)	(0.0%)	(0.0%)
	法務・コンプライアンス	50 (94.3%)	(26.4%)	(16.1%)
	リスクマネジメント	35 (66.0%)	(49.4%)	(32.3%)
	内部統制・監査	7 (13.2%)	(9.2%)	(41.9%)
	ガバナンス	10 (18.9%)	(60.9%)	(38.7%)
	行政対応	9 (17.0%)	(68.9%)	(45.2%)
	サステナビリティ	23 (43.4%)	(19.5%)	(35.5%)
セクター	業界経験	17 (32.1%)	(71.3%)	(67.7%)
	学術	3 (5.7%)	(10.3%)	(9.7%)
	金融セクター	9 (17.0%)	(16.1%)	(25.8%)

を比率で再掲した)。

これを見ると，日本企業においては経営経験，グローバル，財務会計，法務・コンプライアンス，リスクマネジメントがスキル項目として取り上げられていることが分かる。また，事業系の項目については取締役会で一定の意思決定が必要であるからか比較的分散している。

なお，米国・英国が財務会計とファイナンスという双方のスキルを重視していることに対し，日本では財務会計がスキルとしてより重視されていること，また，法務・コンプライアンス，リスクマネジメントの項目が高い数値で出ていることは，従来の日本企業において社外役員は公認会計士や弁護士が多くを占めていたことに関係があると思われる。

一方で，他社役員経験などをスキル背景とするガバナンス項目について，米国や英国に比較して低い数値となっているのは，そもそも社外取締役の絶対数が少ないことにも起因すると想定される。

その他，日本企業の特徴としては，サステナビリティやDX/ITCが比較的高い数値を示しているが，これは近年の経営課題やガバナンス改革でキーワードに頻繁に挙げられており，特に，サステナビリティではコーポレートガバナンス・コード改訂における重要なポイントになっていることもあるため，先行開示企業においてもスキル項目に含めたと思われる。その意味では，今後の各社に開示においては，上記に加えて，コーポレートガバナンス・コードや実務指針でも言及されている，ファイナンス（資本コスト）や，ダイバーシティなどの項目の取扱いについても留意すべきである。

さらに，取締役および監査役が上記で設定したスキルをどの程度保有しているかについて調査を行った。**図表１－27**は取締役と監査役の合計（646人）のスキル保有数の平均は3.36個であった。

これを取締役（557人）と監査役（89人）に分解したものが**図表１－28**である。それによると，取締役のスキル保有数は平均で3.47個，監査役のそれは平均で2.65個であった。このことから，監査役は一部の監督を担う役割であるためスキル保有数は限定されることに対し，取締役は意思決定と監督の双方を含むこと，監督のスコープが増加していることから監査役よりも多くのスキル保有数になると想定される。

また，取締役（557人）については**図表１－29**において社内（268人）と社外（289人）に分けて保有スキル数を比較した。平均値についてであるが，社内は

［図表１－27］スキル保有数（取締役＋監査役）

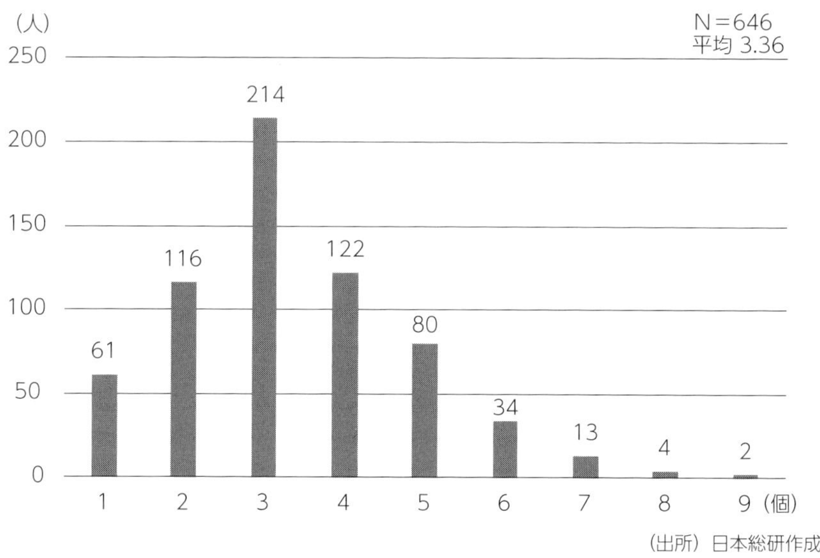

（出所）日本総研作成

［図表１－28］スキル保有数（取締役，監査役）

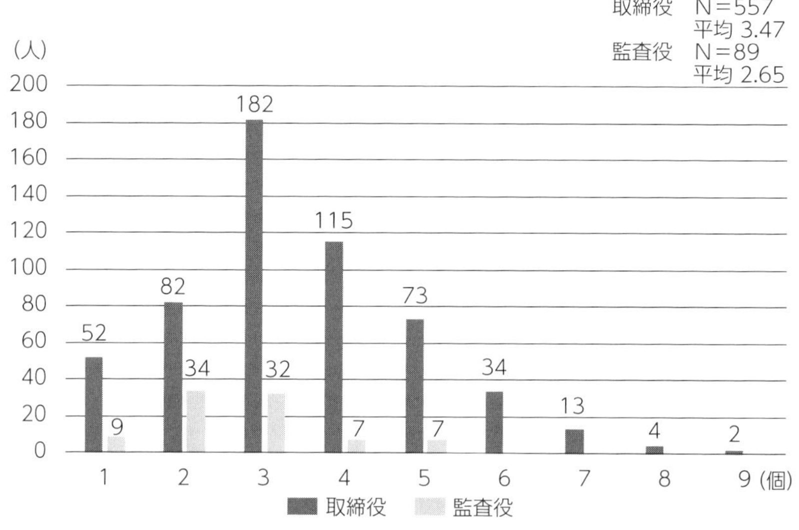

（出所）日本総研作成

[図表１－29] 取締役（社内，社外別）

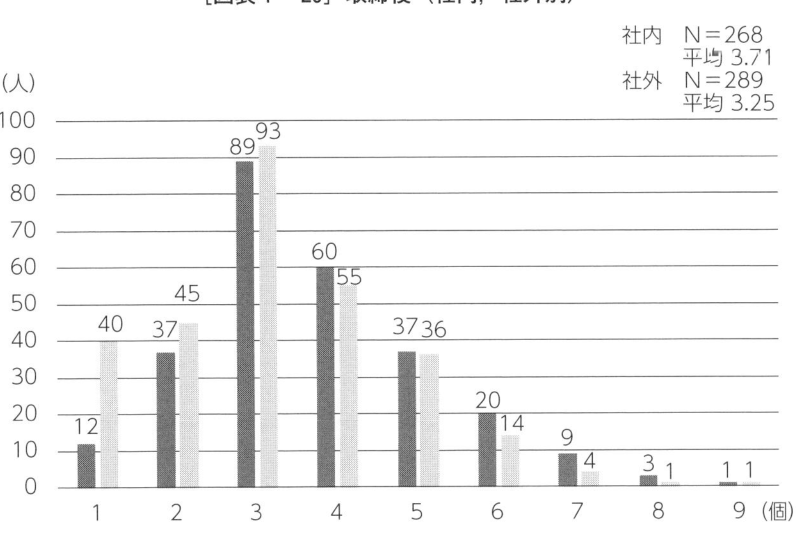

（出所）日本総研作成

3.71個，社外は3.25個であり，また分布をみても社外取締役の有するスキルは絞られていることが見てとれる。この背景としては，専門性という観点から社外取締役は監督を担う項目がある程度絞られることに対し，社内取締役は意思決定を担うため，スキル保有も社外と比較して幅広になっていることが見てとれる。

なお，本来であれば，先行開示企業のスキル・マトリックスからスキルの分布状況を分析するのであるが，先述のとおり，スキル保有の判断基準が存在しないため，企業によって相当のばらつきがある。

したがって，**図表１－30**では2018年のTOPIX100（100社）の役員データを筆者が同レベルでスキル分析を行ったものを参考資料として示す。

時系列が異なるので安直な比較はできないものの，スキル・マトリックスにおける掲載項目と比較すると，特に取締役会の監督機能の充実という観点からは，実際のスキル獲得にはいまだギャップがあると思われる。

[図表 1 －30] スキル保有状況 (2018年TOPIX100：100社)

スキル・経験		総計 (1,463)	社外 (626)	社内 (837)
全般	経営全般	37.7% (552)	34.2% (214)	40.4% (338)
	グローバル	30.9% (452)	26.5% (166)	34.2% (286)
事業軸	経営戦略	38.9% (569)	25.6% (160)	48.9% (409)
	事業戦略	60.6% (887)	43.1% (270)	73.7% (617)
	営業・マーケティング	46.3% (678)	26.5% (166)	61.2% (512)
	R&D	9.1% (133)	1.9% (12)	14.5% (121)
	生産・技術	11.2% (164)	2.2% (14)	17.9% (150)
	品質・安全	10.5% (153)	2.1% (13)	16.7% (140)
	SCM・購買	5.3% (78)	1.4% (9)	8.2% (69)
機能軸	ファイナンス	22.2% (325)	24.1% (151)	20.8% (174)
	投資	22.1% (324)	24.1% (151)	20.7% (173)
	財務会計	19.8% (290)	21.4% (134)	18.6% (156)
	組織・人事	9.6% (140)	3.2% (20)	14.3% (120)
	リスクマネジメント	16.8% (246)	20.3% (127)	14.2% (119)
	DX/ITC	5.5% (80)	1.9% (12)	8.1% (68)
	内部統制・監査	38.2% (559)	57.3% (359)	23.9% (200)
	ガバナンス	15.8% (231)	20.6% (129)	12.2% (102)
	広報	6.7% (98)	1.1% (7)	10.9% (91)
	サステナビリティ	5.3% (78)	2.9% (18)	7.2% (60)
	知的財産	1.6% (24)	0.8% (5)	2.3% (19)
	法務・コンプライアンス	15.0% (220)	19.3% (121)	11.8% (99)
	経営管理	14.8% (217)	2.4% (14)	24.1% (202)
セクター	学術	10.3% (150)	23.3% (146)	0.5% (4)
	公共セクター	11.4% (167)	23.6% (148)	2.3% (19)
	金融セクター	11.9% (174)	12.8% (80)	11.2% (94)

スキル・マトリックスの対象者

ここまでは先行開示企業53社の取締役（監査役）が保有すべきスキルについて，分析を行ってきたが，以下ではスキル・マトリックスの対象者について整理する。

図表1－31は先行開示した53社のスキル・マトリックスの対象者であるが，多くの会社が社内，社外を問わず全員のスキルを開示しており，社外のみの開示に留まる企業は少数であった。また，監査役会設置会社については，監査役も含めてスキル・マトリックスを開示している。

これらの整理から，監査役会設置会社を選択している企業では，監査役をスキル・マトリックスの開示範囲に加えているのは，ガバナンスにおける監督機能を担う監査役を取締役と同列と認識していると思われ，全体としては意思決定を担う社内取締役も含めて，全員のスキル開示を行うのが基本的なスタンスになるものと思われる。

［図表1－31］スキル・マトリックスの対象者

	社内＋社外		社外のみ	
	取締役 監査役	取締役のみ	取締役 監査役	取締役のみ
監査役会設置会社	17社	7社	3社	1社
監査等委員会設置会社	－	7社	－	0社
指名委員会等設置会社	－	14社	－	4社
合計	17社	28社	3社	5社

6 まとめ

ここまでは，日本におけるコーポレートガバナンス改革という背景要因や，ガバナンス改革で先行する米国・英国の状況，さらには日本企業における先行開示企業の状況を踏まえて，スキル・マトリックスのガバナンスにおける位置づけを考察した。以下，簡単にまとめを行う。

- スキル・マトリックスとは取締役会の構成員がどのようなスキルや経験，ノウハウを有するかを整理し，開示することで，株主を始めとするステークホルダーに対して，取締役会が役割を果たせるか否かを判断するものである。
- 取締役会が果たすべき役割については，モニタリングモデルの場合，監督機能が中心となる。また，取締役会を補完する複数の委員会を設置することもある。そのため，米国・英国企業においては監督を担う独立社外取締役が適切なスキル・経験・ノウハウを有しているか，各種の委員会について適切なアサインがなされているかを確認する手段となっている。
- スキル・マトリックスの作成・開示は，英国企業よりも米国企業に浸透している。2018年のS&P 100（98社），FTSE100（77社）の開示情報からみると，双方ともスキル項目数は概ね７～９，取締役１人あたりの保有スキル数は４～５となっている。
- 一方で，米国・英国企業ともスキル・マトリックスの作成・開示についてルールは存在しない。今回のコーポレートガバナンス・コード改正により日本企業でもスキル・マトリックスの作成・開示が要請されるが，具体的な作成・開示は各社の判断に委ねられると思われる。
- 日本においても株主総会招集通知を中心に，スキル・マトリックスの先行開示が進む。2021年８月時点でのTOPIX100（99社）における先行開示企業は53社（監査役会設置会社28社，監査等委員会設置会社７社，指名委員会等設置会社18社）であった。
- 日本においてもコーポレートガバナンス改革が進むが，監査役会設置会社が未だ多くを占めること，取締役会において独立社外取締役が過半数には至っていないことを考慮すると，多くの日本企業ではモニタリングモデルへの移行期である。
- 特に，取締役会において会社法の制約もあり一定の意思決定を行う企業も多い。そのため，スキル・マトリックス作成において，適切な「意思決定」と「監督」の２面性を考慮する必要がある

- 現状の先行開示は，株主総会招集通知が主体であるが，東証市場再編のスケジュールをにらみつつ，コーポレート・ガバナンス報告書での開示がなされると思われる。

繰り返しになるが，スキル・マトリックスについては，スキルの設定と，取締役個々人のスキル評価，および開示方法について明確にルール・基準が存在しない。また，日本企業においては，会社機関の選択，取締役の社内外の構成上，必ずしもモニタリングモデルに一致しない部分もある。

これらを考えるとスキル・マトリックスの作成・開示および運用については，安直に米国・英国企業を模倣するのではなく，企業の状況に応じた対応が必要と思われるが，具体的には下記の３パターンが想定される。

①　モニタリングモデル指向の企業
②　モニタリングモデルへ移行途中の企業
③　一定のマネジメントモデルの性格を残すハイブリット企業

次章以降では，これら日本企業の状況を踏まえ，それぞれのパターンを念頭に置いたスキル・マトリックスの作成・開示・運用の進め方について解説する。

Chapter 2

スキル・マトリックスの作成

Chapter 1ではコーポレートガバナンス改革の流れを説明するとともに，スキル・マトリックスの役割を整理した。説明のとおり，スキル・マトリックスは取締役会がその役割を果たすために，適切なスキルやノウハウ・経験を有した取締役で構成されているかを確認するための手段である。一方で，取締役会に求められる役割は個々の企業によって異なるため，スキル・マトリックス作成・開示については一定のルールがないのが実情である。

また，モニタリングモデルが浸透している米国・英国企業のやり方に無条件に従う必要はない。日本におけるコーポレートガバナンス改革の方向性を理解したうえで，モニタリングモデルへの移行の程度と，それに伴う会社機関および委員会の在り方などを考慮し，適切な説明責任を果たせる形でのスキルがどのようなものかを取締役会で議論できるようにスキル・マトリックスを作成することが重要である。

さらに言うと，スキル・マトリックスは単に取締役のスキルを把握し・開示するだけではなく，作成・開示プロセスを踏まえて取締役会の機能強化，ひいてはガバナンス強化の議論に資するものである（図表2－1）。これらを踏まえ，Chapter 2ではスキル・マトリックスの具体的な作成方法を解説する。

［図表２－１］Chapter 2（スキル・マトリックスの作成）の位置づけ

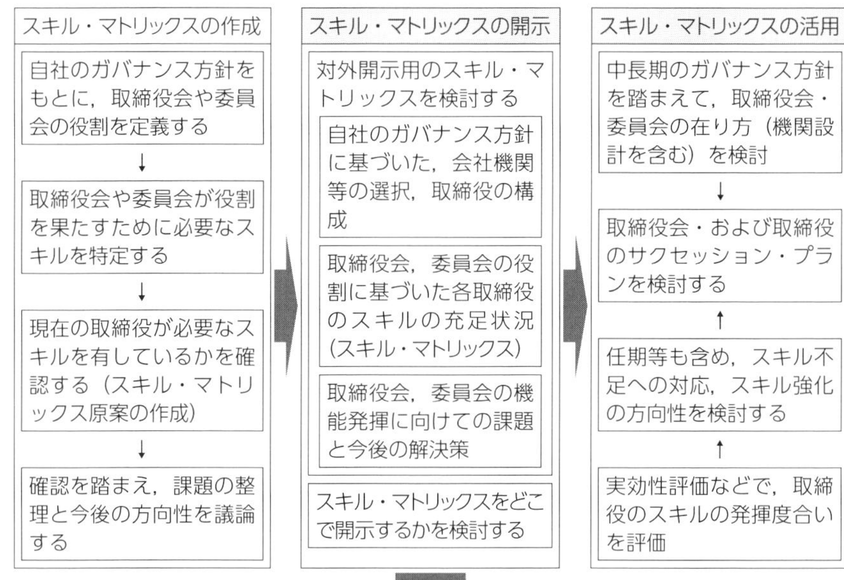

（出所）日本総研作成

1　前提条件の整理（STEP１）

スキル・マトリックスとは取締役会の役割が適切に果たせるか否かについて，構成員である取締役が有するスキル面から確認するものである。

また，スキル・マトリックス作成・開示を通じて，取締役会の機能強化を論じることも重要であることは先述のとおりである。そのためには，単に現在の取締役の有するスキルをまとめるだけでは不充分であり，自社のガバナンスについての中長期的な方向性と，それに基づいた取締役会の役割など，前提方針を整理することが必要である。

［図表２－２］前提条件の整理

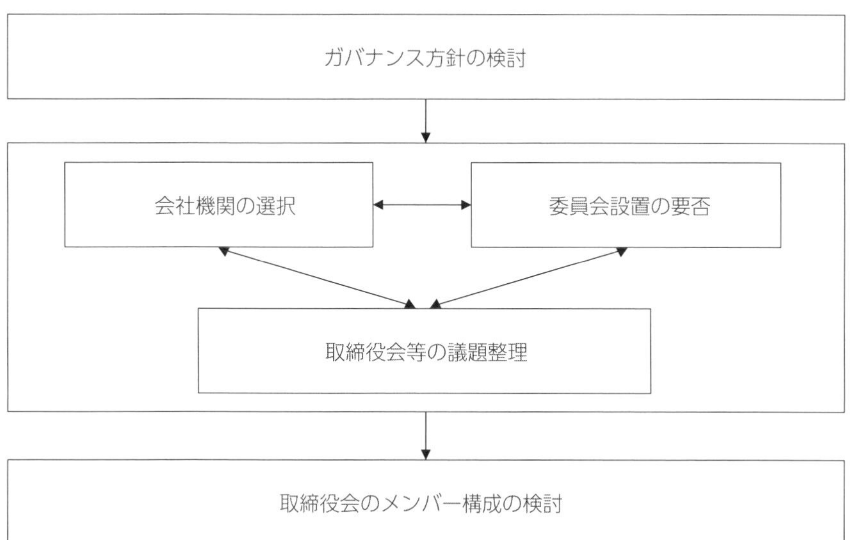

（出所）日本総研作成

なお，具体的な前提条件については，一般的には５つの項目に整理できる。以下では，これらの項目を説明する。

(1)　ガバナンス方針の整理

これまでの説明のとおり，近年のコーポレートガバナンス改革では，モニタリングモデルへの移行が基本的な考えとなっているが，どのタイミングでどのように移行していくかは企業によって異なる。

図表２－３はガバナンス方針をタイプ分けしたものであるが，これらのタイプにより取締役会の役割，および取締役の構成は異なっていくと思われる。

まず，タイプ１であるが，モニタリングモデルに移行することが前提もしくは，既に移行している企業である。この場合，事業執行に関する意思決定については経営陣に移譲し，取締役会での議題は中長期の経営戦略やそれに基づいた経営資源の配分や大型投資に関する議論，業績のモニタリング，CEOを中

［図表２－３］ガバナンスの類型

類型	内容
タイプ1	●執行と監督を分離し，取締役会については監督機能を主体とする，いわゆるモニタリングモデルに移行している企業
タイプ2	●中長期的にはタイプ１（モニタリングモデル）に移行するものの，移行期として一定の意思決定を引き続き取締役会で行う企業
タイプ3	●モニタリングモデルには移行せず，一定の意思決定は従来通り取締役会で行うものの，監督機能を強化する企業

（出所）日本総研作成

心とした経営陣の指名と報酬，さらには後継者の計画などが中心となる。

次に，タイプ２であるが，中長期的にはタイプ１のように事業執行に関する意思決定は経営陣に移譲することを視野に入れているが，現行の会社法の制約や，現状の取締役の構成，社外取締役の確保の状況から，取締役会で一定の意思決定を引き続き行う企業である。

最後に，タイプ３であるが一定の事業執行は経営陣に移譲するものの，重要な意思決定については引き続き取締役会で行う。ただし，コーポレートガバナンスに配慮して，業務執行の監督機能をより高めることについては，一定の対応を行う企業である。

どのタイプを選択するかについては，企業の成り立ちや，規模，ビジネスモデル，さらには多角化の形態により異なると想定されるが，この選択を踏まえて，会社機関や委員会の在り方や，取締役会の議題，さらには各委員会の議題や，それを審議するメンバーについて検討を進めていく。

⑵　会社機関の選択

ガバナンス方針を踏まえて，現在の会社機関が適切であるかを議論する。Chapter 1で示したとおり，日本企業においては，指名委員会等設置会社，監査等委員会設置会社，監査役会設置会社と３通りの会社機関を選択することが可能であるが，先に議論したタイプに基づいて，現在または将来の会社機関の在り方をここで議論する。

タイプ1を選択する企業であるが，モニタリングモデルを指向することが明確であるため，執行と監督の分離が明確な，指名委員会等設置会社が適していると想定される。
タイプ2を選択した企業についても，指名委員会等設置会社が理想であるが，執行体制の整備状況（有効な意思決定を自律的にできるか，また適切な内部統制が整備されているか）によっては，監査等委員会設置会社や監査役会設置会社の仕組みの中で，経営陣への権限移譲を進めつつ，取締役会での議題を監督中心にする方策も想定される。
タイプ3を選択する企業は，監査役会設置会社であることが一般的であると思われるが，監督機能の強化という観点で，委員会設置会社への移行や，任意の委員会の設置や充実を図ることも必要だと思われる。

なお，いずれの会社機関を選択することになっても，監督機能を強化する必要がある。そのためには，審議時間やリソースに制約がある取締役会でなされている一定の意思決定を，経営陣を中心とする執行サイドに権限移譲することが必要と思われるが，権限移譲がなされる執行体制の充実が必要である。コーポレートガバナンス改革の検討においては，とかく監督サイドに意識が向きがちであるが，図表２－４にみられるような，執行体制の整備と充実が重要であることをここで付言しておく。

［図表２－４］執行体制のガバナンス整備

組織構造の再整備
- 経営会議，執行役員会議などの在り方整備
- 持株会社制度への移行検討

権限移譲体系の整備
- 取締役会規程，経営会議規程等の再整備
- 決裁権限規程の見直し

内部統制システムの高度化
- グループ内部統制の強化
- ３線ディフェンスの整備

(3) 委員会設置の要否検討

会社機関の選択の議論と並行して検討すべき事項として，委員会設置の要否が挙げられる。コーポレートガバナンス改革の進展により，日本においても任意も含め，指名委員会，報酬委員会を設置する企業が増加していることは，既に説明しているが，今後もコーポレートガバナンス改革において，これらの委員会のさらなる強化が求められるであろう。

さらに，監督機能の強化という観点から，指名委員会，報酬委員会以外にも，取締役会を補完する組織として，監督サイドの専門委員会を設置することが想定される。米国・英国においては，投資・ファイナンスやリスクマネジメントなどに加え，サステナビリティ，技術・デジタルなどの分野が委員会として設置されており，日本においてもこれらの委員会を設立する動きが加速すると想定される。

なお，これらの委員会を設置する意味としては，取締役会の中では時間的な制約があり十分に議論できないというだけではなく，内容が専門的になるため，取締役会のメンバーの中でも，当該領域に知見がある人間で集中的に審議した方がより有効であることが挙げられる。言い換えると，これらの委員会を設置する場合は，当該分野の知見を有する取締役がいることが前提となり，スキル・マトリックスで，その充足状況を確認するという流れになる。

なお，日本企業においても中長期的には取締役会の諮問機関としての委員会が今後増加すると思われるが，社外取締役も含めた専門人材の確保や，執行部門からの情報収集も含めた連携などが課題になると思われる。

一方で，多くの日本企業においては執行サイドに情報連携・収集のための組織体を設置しているケースが散見される。

図表２－５はこれらの組織体について，サステナビリティを事例とした監督側の諮問機関として定義している米国企業・英国企業との比較をしたものである。これらを考えると，今後は，委員会の設置については，監督側で新たに設置する準備段階で，執行側で既存に存在する各種の委員会に独立社外取締役が

［図表２－５］専門委員会の比較（サステナビリティ）

	日本企業		米国企業・英国企業
委員会名	サステナビリティー委員会，CSR委員会　など		Corporate Responsibility Committee, Sustainability Committee　など
位置づけ	業務執行における連絡組織	代表取締役の諮問機関	取締役会の下部機関
議長	担当役員(取締役/執行役員)	代表取締役社長	社外取締役
参加者	[委員] • 担当役員 • 執行権限を有する部門長 [オブザーバー] • 関連する管理職 • 外部アドバイザー [事務局] • サステナ，CSR部門	[委員] • 取締役（全員・社外取締役含む） • 関連する部門長 [オブザーバー] • 外部アドバイザー [事務局] • サステナ，CSR関連部門	[委員] • 社外取締役 • 業務執行取締役（CEO, COO） [オブザーバー] • 担当する役員 • 必要において外部アドバイザー [事務局] • Corporate Secretary
活動の概要	• 取締役会・経営会議等で承認された，全社サステナビリティ方針を関連する各部門に展開する • サステナビリティに関するKPIおよび関連する各部門からの情報収集 • サステナビリティレポートや統合報告書の作成に向け，各部門から情報収集	• 全社のサステナビリティ方針の策定および，展開に向けて，社長直下の諮問機関を設置 • サステナビリティー委員会の下部組織に専門部会を設置し，事務局が取りまとめ。重点課題についてPDCAの推進状況，課題事項について議論	• サステナビリティ関連の取組および社会貢献の基本方針などを議論する取締役会の諮問機関 • 地球環境（気候変動，生物多様性等），地域・社会(先住民，文化遺産等)，人権・労働（児童労働・強制労働・労働安全衛生）などについて議論を行い，議論した内容について提言

（出所）日本総研作成

オブザーバー参加するなどのステップを踏む形になると想定される。

(4)　取締役会の議題の在り方検討

ガバナンス方針の整理と，それを踏まえた会社機関や委員会の在り方の整理をもとに，取締役会における議題の在り方を検討する。特に，取締役会における議題に関しては，業務執行に関する事項を極力経営陣に移譲することで絞り込み，重要な議題の審議と，執行の監督に関する議題にシフトすべきであるとの指摘がなされている。

図表２－６はCGS研究会で実施された社外取締役アンケートであるが，時間

［図表２－６］取締役の議題（時間配分）

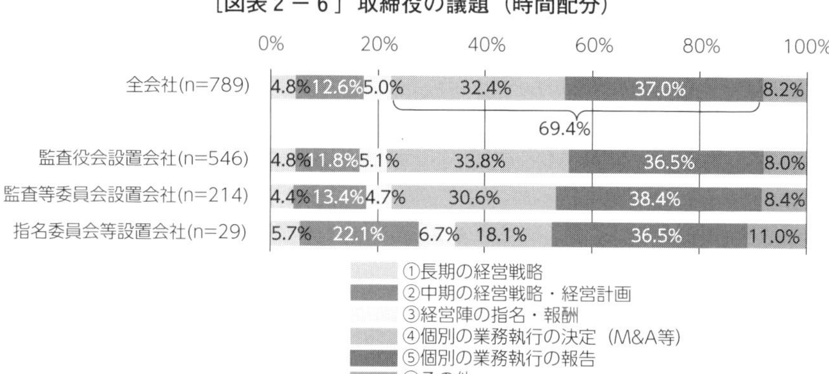

（出所）CGS研究会「社外取締役アンケート」（2020年）より抜粋

配分ベースでは，取締役会における７割弱の議案が事業執行にかかる報告と決定に関するものである。

前項のとおり，会社が選択するガバナンス方針により取締役会の役割は変わると思われる。また，会社機関の選択，委員会の設置状況によっても，取締役会における議題は異なってくる。重要なのは，現在の取締役会の議題数や時間配分を棚卸ししつつ，議題の在り方を再構成することである。

議題の在り方を再検討するための作業手順であるが，最初のステップは現状分析と課題認識の整理となる。具体的には，過去の取締役会の議事録等を参照して議事数や時間配分を再整理するとともに，実効性評価等で取締役会の議題についてアンケートを収集している場合は，そこに有用な課題認識が含まれていることも多いため，これらの情報も参照すべきである。

この現状分析と課題認識の整理をもとに，ガバナンス方針とそれに伴う会社機関・委員会の在り方を踏まえながら，取締役会や委員会がどのような議案を扱うべきであるかを明確にする。

なお，取締役会の議案の検討においては，コーポレートガバナンス改革における独立社外取締役が果たす役割が高まる中で，積極的な参加を促すことが望ましい。ちなみに，2020年の社外取締役ガイドラインにおいても，独立社外取締役が，取締役会の在り方や，議題（アジェンダセッティング）に関与する旨が示されている。

> 社外取締役ガイドライン
> 第Ⅱ章　2．取締役会の実効性を高めるための働きかけ
> 2.1　取締役会の開催頻度や審議時間，アジェンダセッティング
> 　2.1.2　（内容抜粋）
> 現状では，執行側の社長・CEO又は会長が取締役会議長を務めている日本企業が大半であり，アジェンダセッティングについても，執行側が主導しているケースが多い。しかしながら，取締役会においてどのような議題を議論するかはガバナンスを働かせる上で非常に重要であり，社外取締役としても必要に応じてアジェンダセッティングに能動的に関与することが期待される。
> 〜中略〜
> コーポレートガバナンス・コードの補充原則4－12①においては，取締役会の審議項目数を適切に設定し，審議の活性化を図るべきであるとされている。限りある取締役会の時間を有効に活用するためには，執行側に任せることが相応しい議案については執行側に決定権限を委譲し，取締役会には報告のみにする等，取締役会の議案を絞り込み，重要な議案の議論に注力するべきである。
> 〜以下略〜

なお，取締役会における議論について経営陣など執行サイドに権限移譲を行うこと自体は，ガバナンスの観点では重要かつ有用であることは言うまでもないが，その場合は，権限移譲される執行サイドにおいて，経営会議や執行役員会議も含め，決裁権限を明確に再定義すること，またそれらが正しく運用されているかを適切な内部管理・内部統制による担保することが重要である。

このようなステップで取締役会の役割を定め，議題を再設定することにより，スキル・マトリックスの本旨である，取締役会の構成員およびスキルの在り方が明らかになる。

具体的には，議題を反映した取締役会規程と，次項で説明する一般的なスキルについて，**図表2－7**のような星取表の形で定義することで，自社の取締役会で必要なスキルを整理することが可能になる。

[図表２－７］取締役会の議題整理とスキルの関係整理（例）

分類	大項目	中項目	小項目	事業軸のスキル								機能軸のスキル												
				ビジネス	企画	マーケ	研究開発	生産・技術	品質・環境	購買	グローバル	ファイナンス	投資	会計	総務	広報	人事	システム	リスク	内部監査	ガバナンス	CSR	知財	倫理・法務
1 経営・組織	1 経営計画	1 経営計画	1 年度・半期・中計	●	●									●										
		2 業績見込み	1 策定及び修正	●	●									●										
		3 株主還元諸施策	1 配当等		●							●				●								
		4 設備投資計画	1 全体計画				●						●		●									
	2 組織	1 組織改正	1 全社レベル		●												●				●			
	3 重要な制度改定	1 基本規程の制度改正			●										●									●
	4 事業撤退及び事業譲渡	1 ●億円以上		●								●		●										
	5 事業の拡大・提携	1 出資・合併・合弁等	1 売上増加●億円以上又は出資額●億円以上	●								●							●					
	6 グループ会社	1 グループ会社再編	1 売上●億円以上（拡大）又は出資額●億以上（減資）／●億円（増資）	●	●																●			
		2 財務状況悪化		●	●									●										
	7 特別損失（再編・構造改革）	1 ●億円以上		●	●									●										
	8 債権放棄等			●	●									●										
	10 有価証券	1 政策保有株式の保有方針決定	1 政策保有の見直し											●										
2 人事・労務	1 経営体制	1 指名・報酬諮問委員会への組成		●													●				●			
		2 業務執行取締役への権限委譲の決定		●													●				●			
		3 執行役員の選解任		●													●				●			
		4 取締役選任議案の決定		●													●				●			
	2 評価，報酬	1 個々の取締役												●			●				●			
	3 異動	1 グループ会社代表/役員	1 グループ会社代表		●												●				●			

（出所）日本総研作成

⑸　取締役会のメンバー構成の検討

ガバナンス方針に基づき，機関設計を含めた取締役会や委員会の役割と，そこでの議題についての整理がなされると，取締役会のメンバー構成についての考え方の整理が必要になる。なぜなら，取締役会のメンバー構成要素の方向性を定めることで，現在の取締役会構成の妥当性を検証することが可能になり，課題が明らかになるからであり，スキル・マトリックスの作成・開示の内容を深まることにもつながるためである。さらには，将来の取締役会メンバーのサクセッションプランを議論する上で，取締役会のメンバー構成は重要な要素になりうるのである。

取締役会のメンバー構成を検討する際に考慮すべき要素は多岐にわたるが，重要なものは下記のとおりであり，以下でそれぞれを説明する。

取締役会メンバーの構成要素
- 社内／社外
- 業務執行／非執行
- 保有スキル
- 年齢
- 任期
- ダイバーシティ要素

①　社内／社外

コーポレートガバナンス改革における重要な議論は，取締役会の監督機能の強化であるが，適切な監督を行うためには取締役会の独立性を重視する。このため取締役会の構成メンバーにどの程度，独立社外取締役がいるべきかが議論となる。社内外の構成については，今回のコーポレートガバナンス・コード改訂において，プライム市場へ移行する独立社外取締役は３分の１以上（必要な場合は過半数）の選任が求められることとなった。さらに，モニタリングモデルの本旨を考えると，今後は独立取締役が過半数以上を占める構造になることも想定される。いずれにしても，社外の構成比が低い場合については，取締役会の監督機能をどのように確保するのかについての説明が必要となる。

② 業務執行／非執行

取締役会の監督機能強化について，社外の構成比が十分でない場合に，次善の策として検討すべきなのは，社内であっても業務非執行の取締役をどれだけ構成メンバーに加えるかという観点である。具体的には業務非執行の取締役が過半数という選択をとることで，第三者性という意味では劣るものの，個別の意思決定からは独立した存在であるため，一定の監督機能を果たすといえよう。

③ 保有スキル

経営を取り巻く環境の変化，多様化，さらには経営戦略そのものの複雑化に対して，取締役会が適切な意思決定や監督を行うためには，一定のスキルを確保する必要がある。特に，監査役会や各種委員会などについては，特定の領域に関する高い専門性やスキルが求められるため，人材の確保の観点からも取締役会のメンバー構成を考える上で事前に明確にすることが望ましい。なお，保有スキルの構成の検討や，現状分析・課題抽出，および今後の方針を検討するためにスキル・マトリックスを活用する。

④ 年 齢

取締役会のメンバーは，他社も含めた一定の経営経験や専門領域での経験が要求されるため，比較的高齢になりがちであることは否めない。一方で，意見の多様性や，変化する環境への対応度という観点からは，年齢構成についても一定の配慮を行うべきであるという意見も存在する。

⑤ 任 期

取締役会のメンバー構成を考える上で，年齢以上に重要とされるのが任期の構成である。一般的に，経営陣はサクセッションプランや，長期的な人材計画のもとで，取締役の任期上限を定めていることに対し，独立社外取締役については任期についての考え方が一定していないケースが散見される。

この独立社外取締役の任期については長期間にわたると独立性が薄まるという指摘も存在する一方で，任期が浅い独立社外取締役が多い場合は会社の実態に即した監督が困難になるというジレンマが生じる。そのため，米国や英国では指名委員会を中心にして，独立社外取締役の任期上限を定める一方で，一斉に独立社外取締役が入れ替り，取締役会の機能低下に陥ることのないように任期管理を行っているのが一般的である。

⑥　ダイバーシティ

近年は，企業経営においてもダイバーシティが重視される傾向にあり，それは取締役会においても同様である。ダイバーシティの主たるものはグローバルとジェンダーであり，特に取締役会において女性の比率を重視する傾向が加速している。

以上が，取締役会の構成要素であるが，米国・英国においては，Board Compositionという形で，スキル・マトリックスと併せて開示しているケースが多い。今後の日本企業においても，取締役会の機能向上という観点から検討と開示が進むと思われるが，具体的な開示と運用については，Chapter 3以降で解説する。

2　スキル調査の設計（STEP 2）

前提条件の整理により取締役会の議題が明らかになると，求めるスキルが定義されることとなり，具体的なスキル・マトリックスの作成というステップに入ることになるが，その基礎となるスキル調査の設計方法について解説する。

なお，スキル・マトリックスの作成においては，先に開示内容を決定してから，それに見合う範囲で調査を行う方法もあるが，本書では開示内容の変更等

［図表２－８］調査範囲の定義

②調査スキル項目

①調査対象者の範囲

役位	氏名	スキルA	スキルB	スキルC	スキルD	スキルE	スキルF	・・・
社内取締役	A							
社内取締役	B							
社内取締役	C							
社内取締役	D							
社外取締役	E							
社外取締役	F							
社外取締役	G			③スキルの該当／非該当				
社内監査役	H							
社内監査役	I							
社内監査役	J							
社外監査役	K							
社外監査役	L							
社外監査役	M							

（出所）日本総研作成

に柔軟に対応できるように，調査段階ではある程度，情報を幅広に取得する方法を説明する。

スキル調査の設計については，**図表２－８**で示すとおり，(1)調査対象者，(2)調査スキル項目，(3)スキル要件の３つを事前に明確にしておく必要がある。

(1) 調査対象者

まずは，スキル調査の対象者の範囲の特定について説明する。先述のとおり，スキル・マトリックスとは，コーポレートガバナンス改革が求める取締役会の役割・機能の強化に資する人員構成であるかを確認し，今後の強化に資するための情報を収取するツールである。そのため，前提条件で定めた方針に従う形での情報収集をすることが望ましい。

図表２－９はスキル調査の対象を機能と会社機関の双方の視点で整理したものである。

［図表２－９］調査対象者の検討

	モニタリングモデル （監督機能中心）	移行期もしくはハイブリッド （執行・監督両面）
委員会 設置会社	A．社外取締役のみ	C．全取締役
監査役会 設置会社	B．社外取締役 ＋ 社外監査役	D．全取締役 ＋ 全監査役

（出所）日本総研作成

調査対象者の決定について，最も絞り込んでいるのは，独立社外取締役のみを対象とするパターンAであり，モニタリングモデルに移行している企業，具体的には指名委員会等設置会社もしくは監査等委員会設置会社かつ，独立社外取締役が過半数を占めている企業が該当すると思われる。

なお，少数と思われるが，監査役会設置会社において，当初からモニタリングモデルを指向している会社については，社外取締役に社外監査役を加えているパターンBになると思われる。

一方，モニタリングモデルへ移行する企業もしくは，マネジメントモデルに留まるものの監督機能は強化するという所謂ハイブリッド型の企業では，執行と監督の機能の充足度を測るため，委員会設置会社ではパターンC，監査役会設置会社はパターンDになると想定される。

なお，実務上では開示にあたっては，社外取締役および社外監査役に限定したり，さらには監査役を対象から外すなどの検討を改めて行うのが一般的であるが，調査時点ではなるべく幅広に情報を収集しておくのが良いと思われる。

(2)　調査スキル項目

次に，調査の対象となるスキル項目の検討を行う。現在，スキル・マトリックスについて，開示対象になるスキルは明示されておらず，各社の判断にゆだねられている。それゆえ，調査時点では，スキルはある程度詳細に収集しておき，開示の段階で統合することが，今後に開示範囲の変更が必要になった場合でも柔軟に対応できると思われる。

スキル項目であるが，一般的には，「経営全般」，「事業軸」，および「機能軸」と大きく3つのカテゴリーに整理される。さらに，スキルではないが，「セクター」を項目に加えることもある。**図表2－10**はこれらのカテゴリー別に項目を整理したものである。

まず，「経営全般」の2項目であるが，企業グループ全体にかかる包括的なスキル・経験を示すものである。当該項目については執行と監督の双方で必要とされるスキルである。

次に「事業軸」の7項目であるが，これらは具体的な戦略の策定や，運営にかかるものであり，主に業務執行における意思決定が十分に担うことができるかを確認する項目が中心となっている。なお，**図表2－7**で例示した項目は，主に製造業を意識したものであり，サービス業など異なる業態の場合は，項目

［図表2－10］一般的なスキル項目

カテゴリー	スキル項目	
経営全般（2項目）	経営全般・マネジメント	グローバル
事業軸（7項目）	経営戦略	事業運営
	営業・マーケティング	R&D（研究開発）
	生産・技術	品質・安全
	SCM・購買	
機能軸（16項目）	経営管理	会計・税務
	ファイナンス（投資・調達）	M&A
	経済	DX／ITC
	組織・人事	ダイバーシティ
	法務・コンプライアンス	知財
	内部統制・監査	ガバナンス
	リスクマネジメント	広報
	行政対応	サステナビリティ
セクター（4項目）	所属業界	学術
	公共	金融

（出所）日本総研作成

を加除する必要がある。

「機能軸」は，総務や法務，財務会計や人事など16項目と多岐にわたるものであるが，これらの項目は事業活動を支援するものであると同時に，事業活動を牽制する性格を有している。そのため，執行および監督の双方で必要とされるスキル・経験であるといえる。なお，近年ではサステナビリティやデジタルなど，重要性が増している項目も含まれている。

最後に「セクター」に関するものであるが，意思決定や監督を適切に行う際に有用なものである。特に，社外取締役が大きく過半数になる場合，適切な監督をするためには一定の業界の知見が必要になると思われる。また，特定技術が重要となる業界はアカデミックな知見が，規制産業の場合は公共政策的な知見が必要になることがある。さらには資金調達の重要性が高い企業の場合は，金融業界での経験や知見が大きく貢献する。

これら29のスキル項目については，全てを調査対象にする必要はない。先述のとおり，自社の経営戦略・ビジネスモデルを踏まえつつ，取締役会・監査役会，さらには委員会の議題を参考にして調査項目を設定する。

(3) スキル評価の視点

スキル・マトリックスの作成に際し，調査対象者とスキル項目の明確化について行うべきは，調査対象者が当該スキルを有しているか否か，有している場合には，そのレベルがどの程度であるかを評価する基準を定めることである。調査対象者からスキルに対する基礎情報を収得しても，実際にスキルを有しているか否か，またその水準がどの程度であるかは，本人の主観もあるため，個々人でばらつきがある。そのため，スキルの評価基準にあてはめることで，調査対象者の保有スキルのレベル感を統一するとともに，最終的にどのレベル以上を開示対象にするかを検討することとなる。

図表２－11は，評価基準の一例である。具体的な実務としては，評価対象者から収集した情報をもとにして，各レベルに当てはめたのちに，一定のレベル以上をもって当該スキルを保有すると認定する（一般的には**図表２－11**においい

[図表２－11] 保有スキルの評価例（グローバル）

	レベル１	レベル２	レベル３	レベル４
社内経験	海外業務への関与	海外駐在経験	海外拠点での管理職	海外現法社長・部門長
社外経験		海外駐在経験 外国籍企業の勤務経験	海外拠点での管理職 外国籍企業での役員	海外現法社長・部門長 外国籍企業トップ
資格・知識	TOEIC等英語試験の成績	海外留学・学位保有		
能力・素養	異文化理解，基礎対応力	一定レベルでの管理・交渉力		

（出所）日本総研作成

てはレベル３もしくは４がスキルを保有と判定）。

もちろん各レベルについてはスキルごとに異なり，企業によっても異なる。以下では，参考として先述の29のスキル項目の定義と，評価基準（図表２－11でみるとレベル４相当）を例示する。

1．経営全般・マネジメント

カテゴリー	経営全般
スキル項目	1．経営全般・マネジメント

スキルの定義
上場企業における経営全般の責任者として，全社的・中長期的な視点に立って意思決定を行うとともに，各種ステークホルダーマネジメントを行いうるスキル

スキル要件（例）	
社内経験	●一定期間以上の代表取締役としての経験 ●上場子会社や（持株会社体制における主要事業会社）の代表取締役としての経験
社外経験	●上場企業および，それに準じる企業の代表取締役としての経験 ●上場企業の取締役会議長（社外取締役）としての経験
資格・知識	−
その他	●国務大臣・副大臣・政務官もしくは，首長としての経験 ●一定以上の規模の外郭団体の代表経験

2．グローバル

カテゴリー	経営全般
スキル項目	2．グローバル

スキルの定義
企業経営においてグローバルでの観点からの戦略立案，意思決定，および事業遂行におけるリスクマネジメント，ステークホルダー対応を行いうるスキル

スキル要件（例）	
社内経験	●海外事業部門長としての経験 ●一定規模以上の海外現地法人の代表経験
社外経験	●海外事業責任者・一定規模の海外現地法人の代表経験 ●外資系企業でのマネジメント経験 ●大使館，駐在事務所など政府系機関における海外拠点でのマネジメント経験
資格・知識	●海外大学の博士号・修士号 ●国外で取得した弁護士，公認会計士等の資格
その他	●一定期間以上の海外駐在経験

3．経営戦略

カテゴリー	事業軸での経験
スキル項目	3．経営戦略

スキルの定義
企業／団体において，主に全社戦略の視点にたって経営ビジョンもしくは，中長期・年度の経営計画，事業計画を多面的な角度から立案し，進捗をモニタリングし，必要に応じて対処策を策定し，各部門に指示しうるスキル

スキル要件（例）	
社内経験	● 中核会社もしくはそれに準ずる規模のグループ会社のCEO/COOもしくは，経営企画担当役員・部門長およびこれに準じる上級管理職の経験，または実務責任者としての経験
社外経験	● 一定規模の企業でのCEO/COOもしくは，経営企画担当役員・部門長およびこれに準じる上級管理職の経験，または実務責任者としての経験 ● コンサルティング会社のパートナークラスの経験
資格・知識	● DBA/EMBAおよびMBA等の学位
その他	－

4．事業運営

カテゴリー	事業軸での経験
スキル項目	4．事業運営

スキルの定義
企業／団体において，個別の事業戦略の視点にたって中長期・年度の経営計画，事業計画および新規事業等を立案し，進捗をモニタリングし，必要に応じて対処策を策定，指示しうるスキル

スキル要件（例）	
社内経験	● 事業部門の担当役員・部門長 およびこれに準じる上級管理職，もしくは主要事業子会社の社長としての経験または，新規事業や事業開発の実務責任者としての経験 ● 新規事業やコンソーシアムなどの立ち上げ・運営経験
社外経験	● 一定規模の企業での事業部門の担当役員・部門長 およびこれに準じる上級管理職，もしくは主要事業子会社の社長としての経験または，新規事業や事業開発の実務責任者としての経験 ● ベンチャー企業やNPO，コンソーシアム等の立ち上げ・運営経験 ● コンサルティングファーム等でのプロジェクト経験
資格・知識	● DBA/EMBAおよびMBA等の学位
その他	−

5．営業／マーケティング

カテゴリー	事業軸での経験
スキル項目	5．営業／マーケティング

スキルの定義
特に企業戦略および業績に大きくインパクトを与える，マーケティングや販売についての戦略立案とモニタリングおよび具体的なマーケティング・商品開発・販売活動の実施にかかるスキル

スキル要件（例）	
社内経験	●営業・販売に関する部門の担当役員・部門長およびこれに準じる上級管理職としての経験または実務責任者としての経験
社外経験	●他企業での営業・販売に関する部門の担当役員・部門長およびこれに準じる上級管理職としての経験または実務責任者としての経験 ●コンサルティングファーム等でのプロジェクト経験
資格・知識	－
その他	－

6．R&D（研究開発）

カテゴリー	事業軸での経験
スキル項目	6．R&D（研究開発）

スキルの定義
企業／団体において中長期視点で競争優位を発現させるための，研究開発について，資金・人員の資源配分，研究テーマの棚卸，新規テーマの参入と必要に応じて既存テーマの撤退に関する意思決定を行いうるスキル

スキル要件（例）	
社内経験	●研究開発に関する部門の担当役員・部門長およびこれに準じる上級管理職としての経験，または開発責任者としての経験
社外経験	●他企業での研究開発に関する部門の担当役員・部門長およびこれに準じる上級管理職としての経験，または開発責任者としての経験 ●大学，研究機関におけるマネジメント経験
資格・知識	●博士号 ●関連する技術士等の資格
その他	●研究開発に関する特許取得や，受賞経験 ●学会等での主導的役割

7．生産・技術

カテゴリー	事業軸での経験
スキル項目	7．生産・技術

スキルの定義
企業において，付加価値や生産性向上を発現させるための，生産・技術分野において，設備投資，生産計画，人員配置に関する計画策定と意思決定，リスクを含めた管理を行いうるスキル

スキル要件（例）	
社内経験	●生産技術・管理に関する部門の担当役員・部門長・工場長およびこれに準じる上級管理職としての経験または大型案件のプロマネなど実務責任者としての経験
社外経験	●他企業での生産技術・管理に関する部門の担当役員・部門長・工場長およびこれに準じる上級管理職としての経験 または大型案件のプロマネなど実務責任者としての経験 ●コンサルティング会社，エンジニアリング会社等における技術指導等への業務責任者
資格・知識	●博士号 ●関連する技術士・エンジニア関連の資格
その他	●研究開発に関する特許取得や，受賞経験 ●学会等での主導的役割

8．品質・安全・環境

カテゴリー	事業軸での経験
スキル項目	8．品質・安全・環境

スキルの定義
企業活動において，製品・サービス提供にかかる品質の維持・向上，生産施設やオフィスでの安全衛生・環境保全 の質的向上，およびこれらの事象にかかる適切なリスクマネジメントを実施しうるスキル

スキル要件（例）	
社内経験	●品質・安全・環境統括部門に関する部門の担当役員・部門長およびこれに準じる上級管理職としての経験または実務責任者としての経験
社外経験	●他企業での品質・安全・環境統括部門に関する部門の担当役員・部門長およびこれに準じる上級管理職としての経験または実務責任者としての経験 ●ISO 等関連する公的認証機関等での審査員としての経験
資格・知識	●ISO 等関連する公的認証機関の審査員資格など
その他	－

9．SCM・購買

カテゴリー	事業軸での経験
スキル項目	9．SCM・購買

スキルの定義
採算性の重要なポイントであるSCMや外部調達に関して，品質，納期，価格の観点から中長期の視点で適切な生産・物流・購買計画を立案し，必要に応じて適切な折衝を行いうるスキル

スキル要件（例）	
社内経験	●SCM・購買に関する部門および機能子会社等での担当役員・部門長およびこれに準じる上級管理職としての経験または実務責任者としての経験
社外経験	●他企業でのSCM・購買に関する部門および機能子会社等での担当役員・部門長およびこれに準じる上級管理職としての経験または実務責任者としての経験 ●コンサルティング会社，エンジニアリング会社等における業務指導等への業務責任者
資格・知識	●SCMおよびロジスティクス関連の資格
その他	－

10. 経営管理

カテゴリー	機能軸での経験
スキル項目	10. 経営管理

スキルの定義
企業活動を支える管理部門，間接部門の業務を全般的に把握することで，適切な管理水準を維持するとともに，必要な調整活動や対外折衝を行うことのできるスキル

スキル要件（例）	
社内経験	● CAOもしくは経営管理部門の統括職（総務・人事・経理・財務など管理系部門の統括職），総務・管理部門の担当役員・部門長およびこれに準じる上級管理職または実務責任者としての経験 ● グループ会社における経営管理担当役員などの経験者
社外経験	● 他企業でCAOもしくは経営管理部門の統括職（総務・人事・経理・財務など管理系部門の統括職），総務・管理部門の担当役員・部門長およびこれに準じる上級管理職または実務責任者としての経験 ● 官公庁および関連団体における総務・事務取扱責任者の経験者
資格・知識	● MBA等の学位
その他	―

11．財務・会計

カテゴリー	機能軸での経験
スキル項目	11．財務・会計

スキルの定義
企業の業績を制度面・内部管理面双方の視点から，会計・税務という切り口で把握・対応（監査法人・税務調査対応を含む）しつつ，経営課題やリスクを適切な形でモニタリングしつつ，ディスクロージャーを含むレポーティングするスキル

スキル要件（例）	
社内経験	●経理部門の担当役員・部門長およびこれに準じる上級管理職としての経験 ●グループ会社の経理部門責任者 ●経理部門や経理シェアードサービス等で経理，税務等の業務に従事し，内容に精通した業務経験者
社外経験	●経理部門や経理シェアードサービス等の担当役員・部門長もしくは，当該業務に一定期間従事し内容に精通した業務経験者 ●監査法人，会計士・税理士事務所において一定期間従事し，内容に精通した業務経験者 ●金融庁，国税庁等における会計・税務等の実務経験者
資格・知識	●公認会計士 ●税理士 ●大学院・大学での研究職
その他	－

12．ファイナンス（調達・投資）

カテゴリー	機能軸での経験
スキル項目	12．ファイナンス（調達・投資）

スキルの定義
昨今の企業価値のメカニズム（特に資本コストに関する部分）の理解を通じて，事業ポートフォリオ，最適資本構成，資本政策，投資計画，資金調達計画などファイナンスに関連する施策の立案と適切なモニタリングに必要なスキル

スキル要件（例）	
社内経験	●CFOもしくは財務管理・資金調達に関する部門の担当役員・部門長およびこれに準じる上級管理職としての経験 または実務責任者としての経験
社外経験	●他企業のCFOもしくは財務管理・資金調達に関する部門の担当役員・部門長およびこれに準じる上級管理職としての経験または実務責任者としての経験 ●金融機関（投資銀行・VC等を含む）における投融資関連業務に一定期間従事し，内容に精通した業務経験者
資格・知識	●大学院・大学での研究職
その他	－

13. M&A

カテゴリー	機能軸での経験
スキル項目	13. M&A

スキルの定義
スキル項目12のファイナンス（投資）のうち，特にM&Aやアライアンスに特化し，ソーシングを含む戦略策定，実行（デューデリジェンス，バリュエーション，交渉）およびPDM/PMIを遂行するために必要なスキル

スキル要件（例）	
社内経験	●経営企画・事業企画および投資企画などM&Aに関連する部門の担当役員・部門長，もしくは当該実務に精通した経験
社外経験	●他企業の経営企画・事業企画および投資企画などM&Aに関連する部門の担当役員・部門長，もしくは当該実務に精通した経験 ●金融機関（投資銀行を含む）でFAなどM&A関連業務に一定期間従事し，内容に精通した業務経験者 ●M&Aファームやコンサルティングファームなどでのコンサルタント業務経験者 ●弁護士事務所，監査法人，会計事務所でM&Aに関するアドバイザリー業務経験者
資格・知識	●公認会計士，税理士（M&A関連） ●弁護士（M&A関連）
その他	—

14．経済

カテゴリー	機能軸での経験
スキル項目	14．経済

スキルの定義
企業の経営計画や事業運営に際して重要となる外部環境のうち，特にマクロ経済・ミクロ経済の構造を理解し，現状分析と将来予測を関連部門に発信・展開するスキル

スキル要件（例）	
社内経験	● 経営企画・事業企画部門において，専門職として当該実務に精通した経験者
社外経験	● 他企業の経営企画・事業企画および投資企画などM&Aに関連する部門の担当役員・部門長の経験，もしくは当該実務に精通した経験者 ● 政府機関等における経済統計・分析業務等の専門職 ● 研究機関・シンクタンクにおける経済分野の専門家 ● 大学・大学等における経済分野の研究者
資格・知識	● 博士号・修士号（経済学）
その他	−

15. DX／IT

カテゴリー	機能軸での経験
スキル項目	15. DX／ITC

スキルの定義
企業活動において巨大化・複雑化する情報システムを適正な投資規模で運営するとともに，情報セキュリティを始めとするリスク対応，さらには近年の DX 等についての企画・実行を行いうるスキル

スキル要件（例）	
社内経験	●CIO/CDOおよびDX/ITCに関する部門の担当役員・部門長およびこれに準じる上級管理職としての経験 ●情報システム子会社の責任者としての経験 ●情報化計画，システム開発・運用のプロジェクトリーダー等，専門職としての経験
社外経験	●他企業のCIO/CDOおよびDX/ITCに関する部門の担当役員・部門長もしくは情報システム子会社責任者およびこれに準じる上級管理職，もしくは当該業務の専門職としての経験 ●SIerやベンダーなどシステム企業の経営経験者もしくは，大型プロジェクトにおける開発・運用責任者 ●ITコンサルティングファームなどでのコンサルタント業務経験者
資格・知識	●高度情報処理資格者 ●PMBOK等のPM資格
その他	－

16. 組織・人事

カテゴリー	機能軸での経験
スキル項目	16. 組織・人事

スキルの定義
企業内において人事制度の立案・運用を担うとともに，公正かつ適切な組織の維持を担うとともに，特に，役員・経営幹部 に対する昇格や報酬に関する適正な仕組みの構築と運用を担うためのスキル

スキル要件（例）	
社内経験	● CHROおよび人事に関する部門の担当役員・部門長およびこれに準じる上級管理職としての経験 ● 指名委員会や報酬委員会のメンバーもしくは事務局責任者としての経験
社外経験	● 他社のCHROおよび人事に関する部門の担当役員・部門長およびこれに準じる上級管理職としての経験 ● 他社の指名委員会や報酬委員会のメンバー ● 人事ファームやサーチファームなどでのコンサルタントもしくはヘッドハンターとしての業務経験者
資格・知識	—
その他	—

17. ダイバーシティ

カテゴリー	機能軸での経験
スキル項目	17. ダイバーシティ

スキルの定義
組織運営におけるダイバーシティおよびインクルージョンの動向を理解，把握するとともに，今後の取組において，外部情報の収集とネットワーキング，内部の啓蒙を計画，推進しうるスキル

スキル要件（例）	
社内経験	●ダイバーシティ推進に関する組織の責任者，およびこれに準じる上級管理職としての経験，または当該実務の専門職としての経験
社外経験	●他社のダイバーシティ推進に関する組織の責任者，およびこれに準じる上級管理職としての経験，または当該実務の専門職としての経験 ●ダイバーシティ推進に関する政府・自治体等，または経済団体・業界団体等の委員の経験 ●大学・研究機関での当該分野の研究者としての経験 ●当該分野における国際機関・NGOなどでの活動経験
資格・知識	●博士号，修士号
その他	●一般的には本人が女性や外国人であることは，この項目には含まれない

18. 法務・コンプライアンス

カテゴリー	機能軸での経験
スキル項目	18. 法務・コンプライアンス

スキルの定義
国内外で複雑化する法制度・各種規制の趣旨を理解し，リスクを抽出し適切な対処行動を行う，さらには法令順守の観点に立ち，企業活動全体に対して啓蒙活動と仕組みの構築を行いうるスキル

スキル要件（例）	
社内経験	●法務，コンプライアンスに関する部門の担当役員・部門長およびこれに準じる上級管理職としての経験，または実務責任者としての経験
社外経験	●他社の法務，コンプライアンスに関する部門の担当役員・部門長およびこれに準じる上級管理職としての経験，または実務責任者としての経験 ●企業内弁護士としての業務経験者 ●弁護士事務所として企業法務の業務経験者 ●法曹関連（裁判官・検事・弁護士）での実務関係者 ●企業法務に関する研究者
資格・知識	●弁護士 ●博士号，修士号（法学）
その他	－

19. 知的財産

カテゴリー	機能軸での経験
スキル項目	19. 知的財産

スキルの定義
特に研究開発・技術開発において，知的財産保護だけでなく，知的財産侵害への予防的措置，さらにはパテントトロールなどへの対策，権利化や知的財産評価も含めた知的財産戦略を担えるスキル

スキル要件（例）	
社内経験	●知的財産に関する部門の担当役員・部門長およびこれに準じる上級管理職としての経験または実務責任者としての経験
社外経験	●他社の知的財産に関する部門の担当役員・部門長およびこれに準じる上級管理職としての経験または実務責任者としての経験 ●弁護士事務所において知的財産領域の従事経験 ●弁理士事務所での当該業務の従事経験 ●特許庁や知財高裁等での当該業務の従事経験
資格・知識	●弁護士 ●弁理士 ●博士号，修士号（法学・知的財産）
その他	—

20. 内部統制・監査

カテゴリー	機能軸での経験
スキル項目	20. 内部統制・監査

スキルの定義
企業活動において，遵守すべき法令や社内規程などに照らして，業務や成果物がそれらに則っているかどうかの証拠を収集し，その証拠に基づいて，監査対象の有効性を利害関係者に合理的に保証，およびこれら内部統制・監査体制の整備を行うスキル

スキル要件（例）	
社内経験	●本体およびグループ会社の監査役，取締役監査等委員としての経験 ●内部統制・監査の担当役員，部門長。および実務責任者（内部統制や監査に関する社内委員会・プロジェクトの責任者・実施担当者）としての経験
社外経験	●他社の監査役，取締役監査（等）委員としての経験 ●他社の内部統制・監査の担当役員，部門長。および実務責任者（内部統制や監査に関する社内委員会・プロジェクトの責任者・実施担当者）としての経験 ●コンサルティング会社，監査法人等で，企業の内部統制・監査体制の構築・運営に関してのコンサルティング・アドバイザリー経験者
資格・知識	●公認内部監査人 ●公認会計士 ●弁護士
その他	―

21．ガバナンス

カテゴリー	機能軸での経験
スキル項目	21．ガバナンス

スキルの定義
会社法およびコーポレートガバナンス・コードの趣旨および今後の動向 を理解したうえで，適切な形で企業活動をモニタリングする，もしくはガバナンス体制を構築することのできるスキル

スキル要件（例）	
社内経験	●総務部門などコーポレートガバナンスに関する部門の担当役員・部門長およびこれに準じる上級管理職としての経験 またはガバナンス整備やコード対応など実務責任者としての経験
社外経験	●他社の知的財産に関する部門の担当役員・部門長およびこれに準じる上級管理職としての経験または実務責任者としての経験 ●他社での独立役員経験 ●弁護士・公認会計士等でガバナンスに関する実務経験者 ●大学・研究機関等でのガバナンス研究者
資格・知識	●弁護士 ●公認会計士 ●博士号，修士号（法学）
その他	－

22. リスクマネジメント

カテゴリー	機能軸での経験
スキル項目	22. リスクマネジメント

スキルの定義
企業活動で発生し得る各種リスクに対して，ERM（統合リスク管理）などのアプローチで把握し，適切な形で，マネジメントと共有するとともに適切な対処策を講じ得る，またこれらの仕組みを導入，運用し得るスキル

スキル要件（例）	
社内経験	● CROおよびリスク管理に関する部門（リスク委員会など横断組織含む）の担当役員・部門長およびこれに準じる上級管理職としての経験または（ERM等リスクマネジメントシステムの構築・運用など）実務責任者・担当者としての経験
社外経験	● 他社のCROおよびリスク管理に関する部門の担当役員・部門長およびこれに準じる上級管理職としての経験または実務責任者・担当者としての経験 ● ERM 等リスクマネジメントシステムの構築責任者としての経験 ● コンサルティング会社等でリスクマネジメント構築支援などへの従事経験 ● リスク評価機関等での勤務経験
資格・知識	―
その他	―

23. 広報

カテゴリー	機能軸での経験
スキル項目	23. 広報

スキルの定義
近年多岐にわたるステークホルダーへ適切に対処するため，IR・PR および SR を含むコーポレートコミュニケーションなど適切な形での企業広報の計画と実施，および対外活動を行いうるスキル

スキル要件（例）	
社内経験	●広報部門の担当役員・部門長およびこれに準じる上級管理職としての経験 または（IR,PRおよびSRなど）実務責任者としての経験
社外経験	●他社の広報部門の担当役員・部門長およびこれに準じる上級管理職としての経験 または（IR,PRおよびSRなど）実務責任者としての経験 ●コンサルティング会社・広告代理店等において広報活動を支援する業務経験 ●IR,SRなどの専門アドバイザリーとしての業務経験
資格・知識	－
その他	●マスコミ，広告代理店などとのネットワーク等も評価に加える

24. 行政対応

カテゴリー	機能軸での経験
スキル項目	24. 行政対応

スキルの定義
主に規制業種において，自社および業界の中長期的な発展のために，適切な形での政府対応，業界・財界活動，および適切な形でのロビイングを通じて政策提言，ネットワーキングを行いうるスキル

スキル要件（例）	
社内経験	●政府や財界・業界対応，政策提言やロビイングに関連する部門の担当役員・部門長およびこれに準じる上級管理職，または実務責任者としての経験
社外経験	●他社の政府や財界・業界対応，政策提言やロビイングに関連する部門の担当役員・部門長およびこれに準じる上級管理職，または実務責任者としての経験 ●政府・自治体等の各種委員の経験 ●経済団体・業界団体等の委員の経験
資格・知識	—
その他	—

25. サステナビリティ

カテゴリー	機能軸での経験
スキル項目	25. サステナビリティ

スキルの定義
SDGsやESGなど，近年の社会価値・公益的価値重視の動きを理解したうえで，特に環境配慮，人権配慮などの分野において企業の活動を適切にとらえ，対処行動を指示することのできるスキル

スキル要件（例）	
社内経験	●SDGsやESG・CSR などサステナビリティに関する部門（社内の各種委員会を含む）の担当役員・部門長およびこれに準じる上級管理職としての経験 または実務責任者としての経験
社外経験	●他社の政府や財界・業界対応，政策提言やロビイングに関連する部門の担当役員・部門長およびこれに準じる上級管理職，または実務責任者としての経験 ●他社でのサステナビリティ委員会での外部有識者・アドバイザーとしての参画経験 ●ESG投資など外部評価機関等での勤務経験 ●環境・人権など関連するNGO・NPOでの活動経験 ●当該領域に関するコンサルタント・研究者としての活動経験
資格・知識	－
その他	－

以下の26～28は所属経験であり，スキルではないがスキル・マトリックスを作成するうえで有用な情報であるため，便宜上スキル項目に含めている

26．業界経験

カテゴリー	セクターの所属経験
スキル項目	26．業界経験

要件（例）
● 自社が属する業界に属する企業の所属経験 ● 業界団体などの所属経験 ● 当該業界を所管する官公庁，団体等の在籍および業界への関与経験

27．学術

カテゴリー	セクターの所属経験
スキル項目	27．学術

要件（例）
● 大学，研究機関において学術を主導する立場（教授・准教授等 ）の経験 ● 学会・研究会における座長およびこれに準じる役職の経験者

28．公共

カテゴリー	セクターの所属経験
スキル項目	28．公共

要件（例）
●中央政府における国務大臣・副大臣・政務官等の経験 ●地方自治体における首長の経験 ●国会議員・地方議会議員 ●中央官庁・地方公共団体・外郭団体など公共セクターでの幹部の経験 ●中央官庁・地方自治体等が設置する各種委員等の有識者としての経験

29．金融

カテゴリー	セクターの所属経験
スキル項目	29．金融

要件（例）
●金融庁および関係する機関など，規制当局での業務経験 ●証券・銀行・投資ファンドなど金融業界などでの業務経験

3 スキル調査・分析（STEP 3）

STEP 2では，スキル調査に関する設計について説明したが，STEP 3では個別のスキル情報の収集から分析までのプロセスについて整理する。

(1) 調査方法の検討

まずは，対象者に対して，どのようにスキル情報を収集すべきか，具体的な調査方法を検討する必要がある。調査方法については，基本的には調査対象者から提供される情報を基本にするのが一般的であるが，図表２－12の方法が想定される。

調査対象者に関する基本的なスキル・経験に関する情報は，選任の検討段階で収集することが一般的ではあるが，これまでは，スキル・マトリックスを意識して情報収集をしているとは限らないため，初年度については，基本情報に加え，アンケートや調査票，もしくはヒアリングなどの手法を用いることで不足する情報を補完することが多い。

また，スキル情報の収集方法はこれらの手法のどれか１つであるということではなく，図表２－13のように複数の手法を併用することも有用である。

なお，スキル・マトリックス作成・開示については，先述のとおり，今回のコーポレートガバナンス・コードの改訂で要請されたものであり，実質的に初

［図表２－12］スキル情報の収集方法

方法	概要
事務局による基本情報の収集	選任時に収集した対象者の経歴，公表されている経歴等の情報を事務局が収集
アンケート・調査票の作成，回収	事務局がスキル・経験についてのアンケートや調査票を作成し，対象者が回答することで情報を収集
ヒアリングによる，聞取り調査	事務局が対象者にスキル・経験についてヒアリングを行うことで情報を収集

［図表２－13］スキル情報の収集事例

区分	対応方法
新任取締役・監査役	調査シートへの記入依頼およびヒアリングを実施
再任取締役・監査役	前年度から変更点があるかをヒアリングで確認（前年度の調査シートを返却）

年度である企業が多いと思われることから，以降では具体的なアンケートや調査票の作成方法について説明する。

アンケート・調査票については，いくつかのパターンが想定される。まず，アンケートであるが，どのスキルを有しているかを根拠とともに回答いただく形であるが，回答に際して調査対象者間でブレが生じないように，調査票の図表２－14のように，例えば，縦軸にスキル項目を配し，横軸にスキルを保有しているか否かを判断する経験を横軸に配する，調査対象者に，該当する箇所に印をつけてもらう，所謂「星取表」を作成する方法が一般的である。

このような調査票はスキルの保有状況を確認する際に，一覧性という観点で優れているが，縦軸（スキル項目）や，横軸（判断となる経験）が増えると，調査対象者が記入しづらくなるという問題がある。また，記入欄のスペースの関係上，参考や補足情報の取得に限界がある。そこで，スキルごとに明細書形式の調査票を作成する方法も存在する（図表２－15）。

この方法の場合は，調査票の分量は増加するという欠点があるが，各項目の定義やスキル認定の判断基準を記載することが可能であるため，調査対象者が情報を提供しやすい形になっている。また，保有スキルについて記載スペースが確保できるため，判断情報がより多く取得できるという利点がある。

なお，図表２－14と２－15は併用することも可能である。順序としては図表２－15を作成し，その結果を図表２－14に転記するというプロセスが想定される。ちなみに，図表２－14，２－15の双方を調査対象者に配布して上記の一連の作業を依頼するケースと，図表２－15のみを配布し，回収した情報をもとにして，図表２－14の資料への転記は事務局にて行うというケースがあるが，ど

[図表２－14] スキル調査票の作成例（星取表形式）

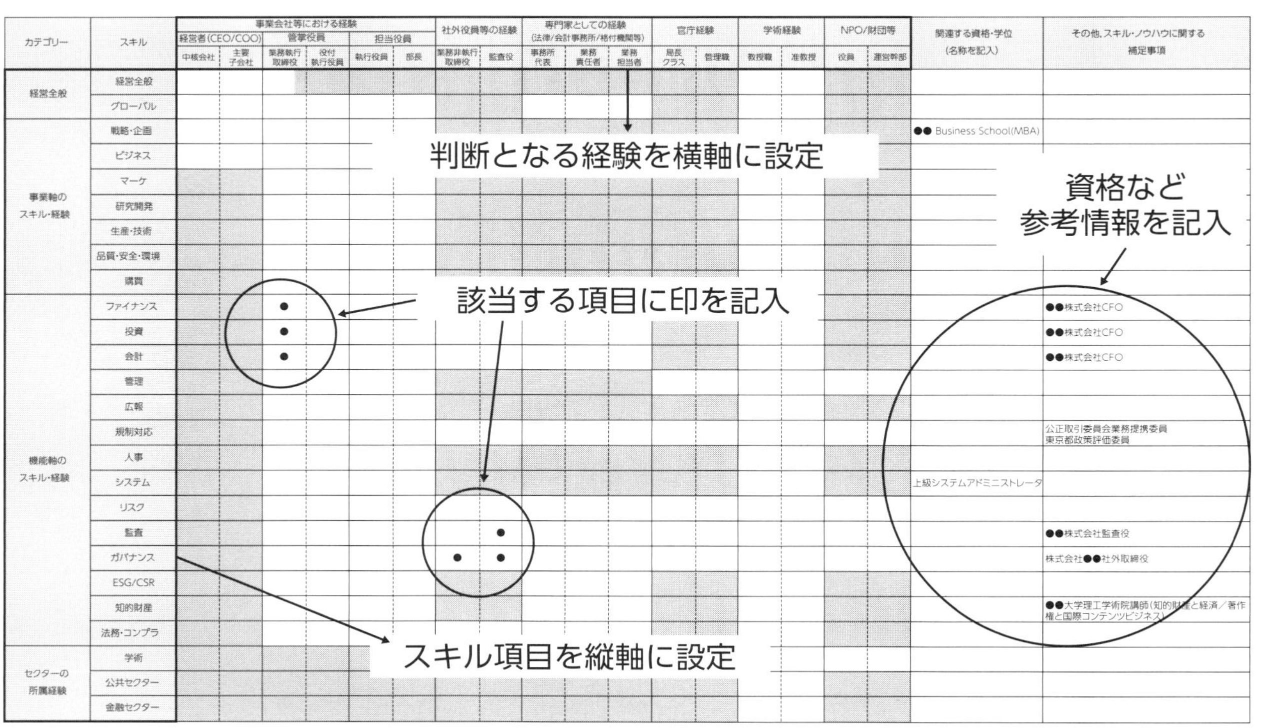

カテゴリー	スキル	事業会社等における経験						社外役員等の経験		専門家としての経験（法律/会計事務所/格付機関等）			官庁経験		学術経験		NPO/財団等		関連する資格・学位（名称を記入）	その他、スキル・ノウハウに関する補足事項
		経営者（CEO/COO）		管掌役員		担当役員														
		中核会社	主要子会社	業務執行取締役	役付執行役員	執行役員	部長	業務非執行取締役	監査役	事務所代表	業務責任者	業務担当者	局長クラス	管理職	教授職	准教授	役員	運営幹部		
経営全般	経営全般																			
	グローバル																			
事業軸のスキル・経験	戦略・企画																		●● Business School(MBA)	
	ビジネス																			
	マーケ																			
	研究開発																			
	生産・技術																			
	品質・安全・環境																			
	購買																			
機能軸のスキル・経験	ファイナンス			●																●●株式会社CFO
	投資			●																●●株式会社CFO
	会計			●																●●株式会社CFO
	管理																			
	広報																			
	規制対応																			公正取引委員会業務提携委員 東京都政策評価委員
	人事																			
	システム																		上級システムアドミニストレータ	
	リスク																			
	監査								●											●●株式会社監査役
	ガバナンス							●	●											株式会社●●社外取締役
	ESG/CSR																			
	知的財産																			●●大学理工学術院講師（知的財産と経済／著作権と国際コンテンツビジネス）
	法務・コンプラ																			
セクターの所属経験	学術																			
	公共セクター																			
	金融セクター																			

（出所）日本総研作成

ちらを選択するかは，調査対象者および事務局双方の負荷を考慮して判断すべきであろう。

ちなみに，スキル調査において，アンケートや調査票への回答という方法を取らず，ヒアリングで対応する場合においては，**図表2－14，2－15**の調査票をベースに実施すると，ヒアリングにおける調査対象者の情報レベルの平準化が可能になる。ヒアリング調査については，これまでは対面形式で実施する企業が多く，特に社外取締役に対しては，往訪・来訪いずれにしても時間確保が困難であったが，近年ではビデオ会議システムなどで，リモートでのヒアリングが可能になったため，内容の確認も含めてヒアリングを併用する企業が増加すると思われる。

［図表2－15］スキル調査票の作成例（明細書形式）

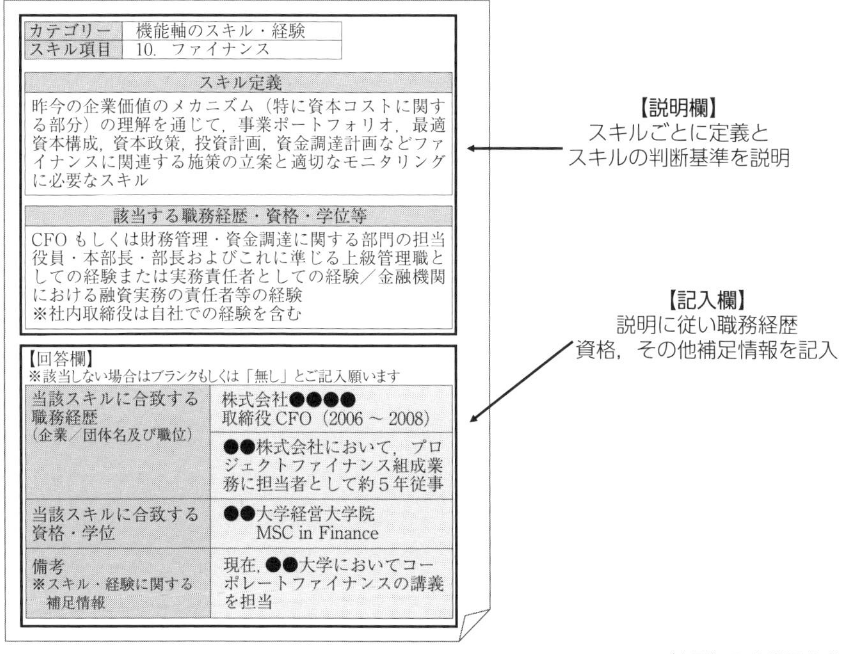

カテゴリー	機能軸のスキル・経験
スキル項目	10. ファイナンス

スキル定義
昨今の企業価値のメカニズム（特に資本コストに関する部分）の理解を通じて，事業ポートフォリオ，最適資本構成，資本政策，投資計画，資金調達計画などファイナンスに関連する施策の立案と適切なモニタリングに必要なスキル

該当する職務経歴・資格・学位等
CFOもしくは財務管理・資金調達に関する部門の担当役員・本部長・部長およびこれに準じる上級管理職としての経験または実務責任者としての経験／金融機関における融資実務の責任者等の経験 ※社内取締役は自社での経験を含む

【回答欄】
※該当しない場合はブランクもしくは「無し」とご記入願います

当該スキルに合致する職務経歴 （企業／団体名及び職位）	株式会社●●●● 取締役 CFO（2006～2008）
	●●株式会社において，プロジェクトファイナンス組成業務に担当者として約5年従事
当該スキルに合致する資格・学位	●●大学経営大学院 MSC in Finance
備考 ※スキル・経験に関する補足情報	現在，●●大学においてコーポレートファイナンスの講義を担当

（出所）日本総研作成

⑵ スキル判定

調査対象者からスキルに関する情報を収集した後，申告内容を確認し，スキルの判定を行う。最終的に，スキル・マトリックスにおいて，スキルを保有するレベルをどの程度にするかは企業によって異なる。

特に，スキルの判定に際しては，取締役会で求められる役割によって，その基準が異なる。

図表２－16は，判定基準について整理したものであるが，一般的には，取締役会における業務執行に関する意思決定についてはスキルよりも，経営幹部としての経験が問われ，業務執行の監督については，その状況を専門家として精査するに値する高度な専門性が問われる点が異なっている点を留意すべきである。

⑶ スキル構造の分析・課題の整理

スキル情報を収集し，各スキル項目に対して，調査対象者が求めるスキルを有しているかを確認することで，スキル・マトリックスの原型となる，調査対象者の保有するスキル一覧表が完成する。

これをもとに開示用のスキル・マトリックスを作成することになるが，それについての説明はChapter ３で行うこととし，以下では分析の視点と，分析結果を踏まえた課題の整理について説明する。

まずは，調査対象者から得られた情報をもとに，調査対象者がどのようなス

［図表２－16］スキルの判定基準

取締役会の役割	基準
業務執行にかかる意思決定	正しく意思決定できるかという観点から，一定の知識と，高度の判断能力を求められる経験を有しているか
業務執行の監督	業務執行を正しく監督できるかという判断から，専門家として高度のスキルと経験を有しているか

キルを有しているかを確認したあとで，取締役会等におけるスキルの過不足の状況を分析し，現在および中長期にわたる課題を抽出する。

［図表２－17］分析の視点

視点①
- 現時点で取締役会および，監査役・各委員会が，それぞれ役割を果たすためのスキルを満たしているか

視点②
- スキルの充足については，複数の取締役会メンバーによって補完されているか

視点③
- 人員構成上，中長期的に取締役会等において不足する，もしくは脆弱となるスキルが存在するか

視点①では，取締役会・監査役会および各委員会が機能するために，十分なスキルを有した取締役が選任されているかという観点から，それぞれのスキルのカバー状況を確認する。特に，必要と思われるスキルについては，幅広く網羅されるよりも，自社のガバナンス方針に基づく取締役会・監査役会，および各委員会の役割に応じたスキルが充足されていることが重要である。

なお，先述のとおりであるが，取締役会に求められるスキルは，取締役会において引き続き業務執行にかかる意思決定を行うマネジメントモデルを中心とするか，監督を重視するモニタリングモデルを指向するか，もしくは両者の折衷にするかにより異なる。

一般的に，業務執行に関する意思決定に必要とされるスキルは，主として社内取締役が担うものであり，監督に関するスキルについては独立社外取締役もしくは業務非執行の社内取締役が担うものとされる。一方で，独立社外取締役でも中期経営計画や指名・報酬委員の場合は，内容面でも意思決定を監督する必要があるとともに，社内取締役であっても自らの担当業務以外については，他の業務執行取締役の執行状況について，独立社外取締役と同水準の監督責任を有する点に留意が必要である。

なお，視点②についてであるが，取締役会等においては，個々のメンバーが１人で全てのスキル有している必要はない。複数の取締役を選任するというこ

とで相互にカバーすることを前提としており，さらには，同一のスキルを有した人間が複数の視点で携わることが業務執行における意思決定や，監督の多様性につながるからである。また，リスクマネジメントの観点からも，不慮の要因により欠員が生じた際の対応を考慮すると，複数メンバーによるスキルのカバーが必要である。

さらに視点③であるが，これは中長期の観点から取締役会のスキル保有の構造の分析を通じ，将来に不足もしくは脆弱となりうるスキルを特定することである。当然ではあるが，取締役会のメンバーは一定の期間で入れ替ることが想定され，その結果，現在のスキル構造が変動することが想定される。さらには，社会環境や中長期の経営計画を考慮に加え，将来どのようなスキルを持ったメンバーが必要になるかの検討が有用であり，所謂サクセッションプランの議論につながるものである。

これらの分析は，単純な開示対応というわけではなく，中長期のガバナンス強化を主眼とすべきである。また，メンバー個人に焦点を当てるだけでなく，取締役会全体の課題として捉えるものであろう。なお，これらの分析と課題整理は事務局で整理したうえで，取締役会や指名・諮問委員会で議論することが望ましい。

Chapter 3

スキル・マトリックスの開示

Chapter 2では，取締役会の役割を明確にしたうえで，構成メンバーのスキル調査の実施や，調査結果の分析，さらには課題整理について，具体的な方法論を説明した。このChapterではこれらの調査・分析結果を踏まえて，スキル・マトリックスを対外的にどのように開示するかについて解説する。

なお，現段階では，スキル・マトリックスに関する具体的な開示指針は提示されていないので各社の判断に委ねられるため，2021年5月時点でのTOPIX100でのスキル・マトリックスの開示事例を踏まえながら解説を行うが，事例については，あくまでも先行開示であるため，今後のトレンドは変化する可能性がある。

1 開示方針の検討

取締役等が有するスキルの保有状況について，どのように開示するか，その方針を検討するが，開示にあたってはスキル・マトリックスそのものを開示するかについての議論をしたうえで，図表3－1で示した具体的な内容を検討する。

まずは，スキル・マトリックスそのものを開示するかという議題が存在する。

今回のコーポレートガバナンス・コードの改訂によりスキル・マトリックスの作成と開示が要請された。一方で，コーポレートガバナンス・コードはあく

［図表3－1］ 開示方針の検討項目

②開示スキル項目

①開示対象者の範囲

役位	氏名	スキルA	スキルB	スキルC	スキルD	スキルE	スキルF	・・・
社内取締役	A							
社内取締役	B							
社内取締役	C							
社内取締役	D							
社外取締役	E							
社外取締役	F							
社外取締役	G							
社内監査役	H							
社内監査役	I							
社内監査役	J							
社外監査役	K							
社外監査役	L							
社外監査役	M							

③各メンバーのスキル開示

（出所）日本総研作成

までもソフトローであり，適切なExplainを実施することで，スキル・マトリックスを開示しないという選択肢も存在する。

スキル・マトリックスを開示しないケースとして具体的に想定されるケースとしては，取締役会の構成メンバーが少数であり，個々の構成メンバーのスキルを直接説明した方が，ステークホルダーに対して有用な開示であると判断された場合などが考えられる。

以下は，上記の議論を踏まえたうえで，スキル・マトリックスを開示する場合に検討すべき事項を整理する。

2 開示対象者の範囲検討

Chapter 2では，スキル調査に際して調査対象者の範囲を定めたと説明したが，実際の開示を検討する際に，調査対象者のうち誰を開示対象にするかを検

［図表３－２］開示対象者の範囲検討

		開示対象者の範囲			
		社内取締役	社外取締役	社内監査役	社外監査役
パターンⅠ	監査役も含めて経営を監督することを重視し，スキル・マトリックスを「取締役と監査役による経営監督するスキルの開示」と位置づける	○	○	○	○
パターンⅡ	コーポレートガバナンス・コードに沿って，取締役のスキルを開示する	○	○	―	―
パターンⅢ	外部（社外役員）による経営の監督を重視し，スキル・マトリックスを，「社外役員の経営監督スキルの開示」と位置づける	―	○	―	○

（出所）日本総研作成

討する必要がある。図表３－２は開示対象者の範囲を３つのパターンに整理したものである。

コーポレートガバナンス・コードの改訂版におけるスキル・マトリックスの開示（補充原則４－11①）では，その対象は取締役会と取締役となっている。このため，文言通りの解釈としては，図表３－２のパターンⅡで足りるはずである。

一方で，日本において，多くの上場企業がいまだ監査役会設置会社を採用しており，監査役会において一定の監督機能を果たしていることを考慮すると，監査役も含めて開示することが合理的である。

実際に2021年にスキル・マトリックスを開示したTOPIX100の53社のうち監査等設置会社は28社あるが，そのうちの20社は監査役を開示の対象として加えていることからも，監査役会設置会社では，今後も監査役を開示対象に含めることが主流になると思われる。

なお，モニタリングモデルへの移行が進み，かつ社外取締役が取締役会での過半数を占める企業では，社外取締役（監査役）のみを開示の対象とすることが想定される。

3 開示スキル項目の検討

開示対象者に続いて，開示すべきスキル項目を検討する。Chapter 2で説明したとおり，スキル調査においては，ある程度詳細化されたスキル項目で情報収集するが，開示に当たっては，スキル項目を統合するとともに，開示項目そ

［図表3－3］開示スキル項目の絞り込み

スキル調査項目（例）			
経営全般のスキル	経営全般マネジメント	グローバル	
事業軸のスキル	経営戦略	事業運営	営業マーケティング
	R&D（研究開発）	生産・技術	品質・安全
	SCM・物流		
機能軸のスキル	経営管理	会計・税務	ファイナンス（調達・投資）
	M&A	経済	DX／ITC
	組織・人事	ダイバーシティ推進	法務コンプライアンス
	知財	内部統制監査	ガバナンス
	リスクマネジメント	広報	行政対応
	サステナビリティ		
所属セクター	所属業界	学術	公共
	金融		

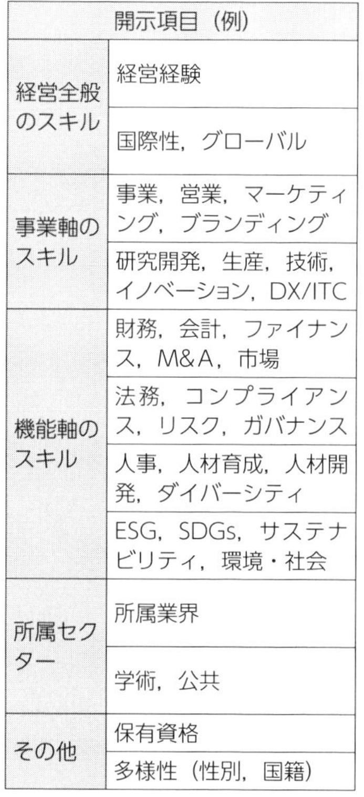

開示項目（例）	
経営全般のスキル	経営経験
	国際性，グローバル
事業軸のスキル	事業，営業，マーケティング，ブランディング
	研究開発，生産，技術，イノベーション，DX/ITC
機能軸のスキル	財務，会計，ファイナンス，M&A，市場
	法務，コンプライアンス，リスク，ガバナンス
	人事，人材育成，人材開発，ダイバーシティ
	ESG，SDGs，サステナビリティ，環境・社会
所属セクター	所属業界
	学術，公共
その他	保有資格
	多様性（性別，国籍）

（出所）日本総研作成

のものを絞り込む必要がある。

図表3－3は開示スキル項目の絞り込みを示したものであるが，先述のとおり，TOPIX100企業の2021年の先行開示状況（53社）では，開示項目の平均値は7.38個であり，多くの会社が6～8項目を開示していることを考慮すると，自社の業態や経営戦略と課題，併せて取締役会や監査役会，各種委員会の役割を踏まえて具体的な項目の絞り込を検討することとなる。

なお，スキル項目の表現方法については，具体的な基準が存在せず，各社の自主的な判断にゆだねられており，各社によって差異がある。そこで，以下では先行開示企業のスキル項目の表記方法を整理する。

①　経営全般・マネジメント

このスキル項目は，先行開示企業のほとんどが何らかの形で開示をしている。以下は，具体的な開示例を示している，最も多い記載方法は，「企業経営」というスキルに着目した表現であったが，この項目は包括的かつ抽象的であるため，一部の企業ではCEO，経営トップなど，経験に限定した表記をしている。

（開示例）
「経営」，「企業経営」，「企業経営・企業戦略」
「企業経営経験」，「経営のCEO／トップ経験」，「上場会社での社長経験者」

②　グローバル，国際性

この項目についても，多くの企業がスキル項目として開示しているが，経営全般と同様に，包括的かつ抽象的であるため，一部の企業では経験もしくは，付帯するスキルと併記している。なお，一部の企業では「多様性・ダイバーシティ」を当該項目に紐づけている。

（開示例）
「グローバル」，「グローバル経験」，「グローバルビジネス」
「国際性」，「海外事業経験」，「国際ビジネス」
※付帯するスキルとの併記

「グローバル・M&A」，「グローバル・長期戦略」

③　事業戦略・営業・マーケティング

この分野は，業務執行との結びつきの強いスキルであるため，主として社内かつ業務執行取締役に求められるものと想定される。そのため，監督機能を重視したモニタリングモデルを指向する企業は，この項目を開示していないケースも見受けられる。開示名称については，事業戦略のように幅広のものと，営業・販売・マーケティング・ブランディングなど具体的な記載などがあるが，開示する場合は，比較的具体化されているものが多い。

なお，新規事業については，事業戦略に含めて当該項目で開示する企業と，技術開発に含めて開示する企業に分かれるが，その判断については新規事業の内容によると思われる。

（開示例）
「事業戦略」，「営業（セールス）」，「営業企画」，「マーケティング」
「ブランディング」
※複数の要素を併記
「営業・マーケティング」，「事業戦略・マーケティング」

④　研究開発，技術，生産

この分野についても，業務執行に紐づくスキルであるため，主として社内かつ業務執行取締役に求められるスキルであると想定されるが，研究開発やDX/ICTやイノベーションについては，企業戦略の重要テーマであるとともに，一定の投資判断等の経営判断が伴うため，監督の対象にもなりうると思われる。

なお，この分野は，項目が非常に多岐にわたっているだけではなく，製造業とサービス業ではビジネス構造が異なるため，開示すべきスキル項目は異なってくる。

また，DX/ICTは，事業そのもので使われる場合（「事業軸」でのスキル開示）と，会社の運営基盤として活用する場合（「機能軸」でのスキル開示）があることも留意すべきである。下記の，開示例については，このような違いを考慮して整理している。

（開示例）
特に製造業
「研究開発（R&D）」，「生産」，「技術」，「品質」，「SCM」
共通
「技術（テクノロジー）」，「イノベーション」，「デジタル（DX,IT,ITC）」
※複数の要素を併記
「技術・生産・開発」，「生産・技術」，「生産・品質」
「技術・イノベーション」，「イノベーション・DX（IT）」
※機能軸での表記
「DX・IT」，「IT・セキュリティ」

⑤　財務・会計

ここからは，機能軸に関するスキル項目であるが，財務，会計にかかる分野については，業績や企業価値のモニタリング，意思決定のための重要なツールであるため，ほとんどの企業でスキル項目として開示している。また，表記についても圧倒的に「財務・会計」が多いが，一部の企業では付帯するスキルを併記している。なお，「内部統制」や「監査」を当該スキル項目で併記している企業も存在する。

（開示例）
「財務・会計」，「財務・経理」
「財務戦略」，「事業投資」，「ファイナンス」
※付帯するスキルを併記
「財務会計・ファイナンス」，「財務会計・投資」，「財務会計・M&A」
「財務会計・内部統制」，「財務会計・監査」

⑥　法務・コンプライアンス・リスク・ガバナンス

この分野は，取締役会の監督機能を発揮するための重要な分野であるため，財務・会計分野と並び，多くの企業が開示している。一方で，この分野は様々な要素が存在するために，企業によって異なるが，その中で多いのは「法務・コンプライアンス」，「法務・リスクマネジメント」という開示項目である。

(開示例)
「法務（法律)」，「コンプライアンス」，「リスクマネジメント」
「ガバナンス」，「監査」，「内部統制」
※複数の要素を併記
「法務・コンプライアンス」，「法務・リスクマネジメント」
「ガバナンス・コンプライアンス」

⑦ 人　事

サービス業など，人材がビジネスの要素として重要な企業においては，適切な人事と，人材育成が監督の重要な項目となりうる。さらに，近年ではダイバーシティが注目され，今回のコーポレートガバナンス・コード改訂においても，人事としての具体的な取組が要請されていることから，今後は開示する企業が増えると思われる

(開示例)
「人事」，「労務」，「人材育成」，「人材開発」，「人事戦略」
※複数の要素を併記
「人事・労務」，「人事・人材開発」
※付帯するスキルを併記
「人事・ダイバーシティ」，「組織・人事」

⑧ サステナビリティ

近年の社会や産業，企業経営を考えるうえで，サステナビリティは注目されており，企業活動を評価するうえでも避けることのできないポイントとなっている。特に，一連のコーポレートガバナンス改革おいても，企業経営にどのようにサステナビリティの要素を反映させるか，また，取組をどのようにモニタリングすべきかということが議論されてきた。

これらの議論を受けて，今回のコーポレートガバナンス・コード改訂では，

サステナビリティをめぐる課題への取組が要請されることとなった（補充原則3－1③および4－2②）。これらの流れを受け，企業の中長期戦略にサステナビリティを取り込み，適切な意思決定を行うとともに，進捗について指標やプロセスを取締役会で監督することとなる。

その上で，スキル・マトリックス開示においても，サステナビリティが開示項目に加えられると想定される。

（開示例）
「CSR」，「ESG」，「SDGs」，「社会・環境」，「サステナビリティ」
※先行開示においては「ESG」が主流であるが，取組の加速により「サステナビリティ」などより広義の概念での開示が進むと思われる

⑨　所属セクター

取締役会が意思決定もしくは監督の場として，その機能を発揮するために，構成メンバーである取締役が適切なスキルを有することが重要であることはこれまで説明したとおりであるが，業界知識や，規制動向，外部有識者の意見は非常に有用である。そのため，所属経験をスキル・マトリックスの項目に加えて開示することも想定される。

なお，米国では取締役会において独立社外取締役が多数を占めるため，適切な監督を行うためには，企業の属する業界知識を有しているか否かは重要なポイントとなるため，スキル・マトリックスに業界知識を加えている企業が多く存在する。

（開示例）
「（所属する）業界」，「行政機関」，「学術・学識者」

⑩　その他

スキル・マトリックス開示は，一般的に取締役が有するスキルやノウハウ，経験を開示するものであるが，先行開示企業では補足情報として，保有する資

格や，ジェンダーや国籍の多様性に関わる情報を開示している企業もある。

さらに，単にスキルやノウハウ，経験を有していても，取締役会および個々の取締役が，その役割を果たすということには必ずしもならないことも事実である。そのため，取締役としてスキルやノウハウ，経験を発揮できるためのマインドセットや資質などを項目に加えている企業も存在する。

（開示例）
保有資格
「公認会計士」，「弁護士」，「医師（製薬業界）」，「薬剤師（同左）」
多様性
「ジェンダー」，「国籍」
マインドセット・資質
「現状否定・変化・挑戦」，「非連続成長推進力」

以上が，スキル・マトリックス開示に向けたスキル項目の整理である。繰り返しになるが，スキル・マトリックスについては作成に関しての基準は存在しないため，自社のガバナンス方針に基づいた取締役会等の役割を踏まえた，意思決定項目や監督項目にマッチする形で整理されることが望ましい。

なお，先行開示53社の開示項目を整理したものを本Chapterの末尾（p. 118〜125）に掲示した。自社の開示項目の絞り込みや，項目名の検討の参考にしていただきたい。

4 各メンバーのスキル開示

各メンバーのスキル開示については，原則としてはスキル調査において設定した基準に基づいた結果を転記するものである。

一方で，保有スキル数にばらつきが出る場合もあることから，先行開示企業のうち，一部では開示に際して，保有するスキルについて，上限（3〜7項目）を設定している。

上限の設定（株主総会招集通知より抜粋）

- 各取締役候補者に特に期待する分野を３つまで記載しております（三菱ケミカルホールディングス）
- 各人に特に期待される項目を４つまで記載しております（富士フイルムホールディングス）
- 各人の有するスキル等のうち，最大３つに◆印をつけています（資生堂）
- 各候補者の有する知見や経験を３つまで記載しております（パナソニック）
- 各取締役・監査役に特に期待する分野を，最大５つまで記載しております（日本電信電話）
- 各人の有する専門性や経験のうち主なものを最大３つまで記載しております（中部電力）
- 各取締役が有するスキル等のうち主なものを最大７つに●印をつけています（ニトリホールディングス）

また，スキル・マトリックスで示しているスキルは，あくまでも各社が期待している水準を基準としているため，取締役本人の認識との齟齬が生じ得る。さらに，独立社外取締役が複数社を兼務している場合は，会社間でスキルの認識に差異が生じる。そのため，下記のような注記を付しているケースが散見される。

保有スキルに対する注記

- 上記一覧表は，各人の有する全ての知見や経験を表すものではありません（先行開示53社のうち16社で記載）

5　スキル・マトリックスの開示形式

開示対象者と開示スキル項目および構成メンバーのスキル保有状況が固まると，スキル・マトリックス開示の基本的な要件が固まるので，具体的なスキル・マトリックスの開示形式を検討することとなる。

スキル・マトリックスについては，誰がどのようなスキルを保有しているかを開示するものであるため，原則としては上記の開示対象者とスキル項目，メンバーのスキル保有状況が記載されていれば要求を満たすものであるが，本来の趣旨として，スキル・マトリックスとは取締役会がその機能を発揮しうるようなメンバー構成になっているかを確認する手段であるということを踏まえると，関連する情報を付加することがスキル・マトリックス開示の意義を高めるものであると思われる。

それでは，どのような情報を付加するべきか。**図表3－4**では，国内の先行開示企業や，米国や英国企業のスキル・マトリックスの開示状況を参考にして，今後想定されるスキル・マトリックスの開示形式を整理した。

スキル・マトリックスが取締役会の役割・機能を発揮できるか否かを確認するために有用な情報を付加するという観点からは以下の２つの項目が有用であると思われる

①　取締役会の構成に関する付加情報

取締役会の役割，機能を発揮させるための要件として，スキル以外の付加情報としては，コーポレートガバナンス・コードにおいても要求されている多様性，具体的には性別や国籍に関する情報を示すことが想定される。現状，TOPIX100企業では，女性比率が14.1％，外国人比率は6.4％（ともに2021年調査）にとどまっており，より多様性が求められる状況の中で取組を示すための有用な情報開示となる。

さらに，年齢と在任期間についての開示も有用である。特に，取締役会の構成メンバーは一定の期間で入れ替ることが想定されるが，構成メンバーの交代によって，スキル構成上どの分野が脆弱となるかが判断でき，さらには取締役会および取締役のサクセッションプランの実効性を確認することが可能となる。

②　委員会へのアサイン状況

一連のコーポレートガバナンス改革においては，取締役会を補完する指名委員会・報酬委員会の役割がさらに重要視されているが，それとともに，委員会の独立性と機能強化もまた重要なポイントとなる。

［図表3－4］スキル・マトリックスの開示形式

氏名	役位		年齢	性別	国籍	在任期間	委員会			スキル				
							監査	指名	報酬	A	B	C	D	…
A	代表取締役	議長												
B	取締役													
C	取締役													
D	取締役	独立社外												
E	取締役	独立社外	構成（多様性）に関する情報				委員会へのアサイン状況			スキルマトリックスに関する情報				
F	取締役	独立社外												
G	常勤監査役													
H	監査役	独立社外												
I	監査役	独立社外												

（出所）日本総研作成

また，中長期的には，取締役会では時間的な制限がある，もしくは専門的な見地から深掘りしたい領域については，委員会を設置することも想定される。先述のとおり，米国や英国においては監査・指名・報酬の基本的な委員会の他に，サステナビリティやファイナンスやリスクマネジメントなど，1～2つの委員会を設置している。

このように複数の委員会が設置されている場合，取締役会の構成メンバーである取締役がどの委員会にアサインされているか，また委員会の人数構成，スキル構成が適切であるかについて開示することも有用である。

6　関連情報の開示

前項では，スキル・マトリックスの開示形式について説明したが，コーポレートガバナンス改革の本来の目的は，取締役会の役割と機能向上であることは再三説明しているとおりであり，スキル・マトリックスで，単にスキル状況を示すことで十分でないという意見もある。

実際に，米国や英国では，企業のガバナンス方針，特に取締役会とその構成員である取締役の役割を示す中で，メンバー構成の在り方，現状および，将来の方向性などを整理して開示しており，その中でスキル・マトリックスも併せて開示されている。

図表３－５は，スキル・マトリックスを開示している米国・英国企業のガバナンス方針に関する開示例（米国：GE社，英国：Rolls-Royce Holdings）である。ガバナンス方針に関しての具体的な開示内容は，米国・英国とも企業の実情により多少異なるが，大きな流れとしては，取締役会・委員会，および取締役の役割と，取締役会のメンバー構成に関わる事項，活動の状況と実効性評価，さらにはサクセッションプラン・採用方針という内容になっている。

このなかで，スキル・マトリックスは取締役会のメンバー構成（Board Composition）の一項目で開示されていることが多く，**図表３－５**で示した事

［図表３－５］米国・英国企業の開示事例

米国：GE（Proxy Statementより抜粋）	英国：Rolls-Royce Holdings（Annual Reportより抜粋）
Governance • Election of Directors • Board Nominees ✓Tenure/Age/Diversity of Gender and Background/Independence • Nominee Biographies • Board Composition ✓Director Recruit Priorities ✓<u>Board Skills and Experience</u> • Director Selection Process • Board Leadership Structure ✓The Lead Director's Role • Board Operations • Key Areas of Board Oversight ✓Strategy ✓Enterprise Risk Management ✓Sustainability • Board Governance Practices ✓Evaluate the Board's Effectiveness • Our Investor Engagement Program • Other Governance Policies & Practices	Governance • The Roles of the Board • Key Matters Reserved for the Board • The Board Committees ✓Roles and responsibilities ✓Directors' independence • Board of the Director ✓Board committee membership ✓Board induction and development • Board Composition ✓<u>Non-Executive Directors' skills and experience</u> • Board Focus through 2020 • Stakeholder Engagement • Board Effectiveness • Nominations & Governance ✓Board and committee composition ✓Directors' conflicts of interest ✓Succession planning（Board/CEO/Leadership team) ✓Diversity & inclusion
（出所）Proxy Statement 2021を筆者が要約	（出所）Annual Report 2020を筆者が要約

［図表３－６］想定される開示事項

取締役会の役割（Role）	•取締役会や委員会の機能・役割および機能を遂行するにあたって想定される議題 •取締役会議長，筆頭独立取締役，各委員会議長の役割
取締役会の構成（Composition）	•取締役会の機能を発揮し得るメンバー構成に関する方針（社内／社外，任期，年齢，スキル，ダイバーシティ）
取締役のスキル（Skill）	•取締役で要求されるスキル・経験についての説明（必要とする理由も含めて） •上記のスキルと取締役が保有するスキルについて，スキルマトリックスの形式で整理
取締役の経歴（Profile）	•スキルマトリックスを補完する形で，取締役（候補者）の経歴，保有スキル，他社兼務状況を説明 •必要に応じて，期待される役割等を説明
取締役会の活動・実効性（Effectiveness）	•取締役会，委員会の活動概要と取締役会・委員会の出席状況，主要な議題 •実効性評価の実施プロセスと実施結果
取締役会の機能維持（Refreshment／Succession）	•取締役の任期に鑑みた，中長期の取締役のリクルーティング計画 •スキルマトリックス，活動状況，実効性評価も踏まえた今後の機能強化の考え方

（出所）日本総研作成

例企業においても，Skills and Experienceという形で，他の情報と併せて示されているケースが散見される。これらの米国，英国の開示事例を踏まえると，スキル・マトリックスに関連して，どのような項目を関連事項として充実させるべきかが整理できる。

これらを踏まえて，今後の日本企業が，コーポレートガバナンス・コード改訂の対応として，スキル・マトリックスの作成と開示に対応する際に，関連して開示を充実すべき事項を整理したものが図表３－６である。以下では，これらの項目について説明する。

(1)　取締役会の役割

スキル・マトリックスは，取締役会がその機能を発揮しうるかを確認するための手段であることは既に説明した。そのため，前提条件となる自社の取締役会の役割を開示することは有用である。

既に多くの企業では，コーポレートガバナンス報告書で「取締役会の役割・責務の概要（補充原則４－１①)」を開示しているが，抽象的な内容開示に留まっているため，スキル・マトリックス開示の観点からは，取締役会で想定される議題や重点審議事項などに触れるのが良いと思われる。

また，近年では指名委員会・報酬委員会等の重要性が高まっていることや，サステナビリティなどの専門委員会を設置する動きが想定されるため，取締役会を補完するこれらの委員会の役割・議題等についても，一定の情報開示が望まれると思われる。

さらに，取締役会の機能の強化のために，今後は取締役会議長や，筆頭独立社外取締役，さらには各委員会の委員長は重要な役割を担うと思われるが，どのようなスキル，経験が要求されるかを明確にするため，これら取締役議長や筆頭独立取締役，各委員会の委員長の役割についても示すべきであると思われる。

(2) 取締役の構成

取締役会が期待される役割や機能を発揮するためには，取締役会がどのようなメンバー構成であるかということは重要なポイントである。

コーポレートガバナンス・コードにおいても補充原則４－11①で言及されているため，コーポレートガバナンス報告書においても，その方針について開示する企業が増加している。

一方で，取締役会の構成については，方針の開示に留まり，現状の取締役会の構成を具体的に開示している企業も少なくない。今後は，社内／社外，性別・国籍，年齢・任期などの構成の具体的な内容についても，図表３－７のように，それぞれの意図を整理して，必要なものを開示するとともに，その開示内容についても方針と現状の構成に加えて，今後の課題や取組について触れることが望ましい。

特に，独立社外取締役については，監督機能の水準を維持するために，任期

［図表３－７］取締役の構成と開示の視点

項目	開示の視点
社内／社外	●取締役会の性質（モニタリングモデルへの移行の程度）を踏まえ，社内と社外をどのような構成比にするか。
性別・国籍	●自社のビジネスモデルやステークホルダー環境，ダイバーシティ推進への対応に向き合える構成とはどのようなものか。
年齢・任期	●中長期で構成メンバーの入替などあっても取締役会・委員会の役割を果たすメンバー構成が維持できるかどうか。

も考慮に入れたサクセッションプランの構築が必要であり，後段で説明するサクセッションプランの根拠となる意味でも重要な情報である。

⑶　取締役のスキル

取締役のスキルに関する開示の中心はスキル・マトリックスであり，スキル・マトリックスそのものの開示については先述のとおりである。

なお，一部の企業においては，さらなる情報として，取締役会が求めるスキル等に関する説明を付加することは有用と思われる。

下記は，先行開示企業においてスキル・マトリックスと併せて，前提となるスキル等に関する企業の考え方を開示した例である。

KDDI　株主総会招集通知（抜粋）2021年６月

取締役会の多様性・専門性に関する考え方

- 人財の多様性を受け入れ，一人ひとりの多様な知識や経験，スキルを生かすことは，「通信とライフデザインの融合」を目指す当社にとって重要な成長ドライバーであり，取締役会においても多様性を確保することがより良い経営判断につながると考えております。　指名諮問委員会においては，KDDIグループの持続的成長を実現する観点から，当社取締役会にとって重要と考えられる社外役員の専門性・バックグラウンドを「上場企業における社長経験（経営ノウハウ等）」「情報通信分野の専門性（主力事業サポート）」「法律・会計・行政の専門性（コンプライアンス等）」としております。このような属性を取締役・監査役それぞれに備えることで，経営に対する監督と助言をバランス良く推進してまいります。

さらに，下記の事例においては，取締役会・監査役会で求められるスキル項目について詳細に説明するとともに，取締役会・監査役会および個々の取締役のスキル状況についての自己評価を行っている点が特徴的である。

東京海上ホールディングス　株主総会招集通知（抜粋）2021年6月

取締役・監査役のスキルについての考え方

1．東京海上グループは，保険グループとしてグローバルに事業を展開しています。そのなかで，当社はグループを統括する保険持株会社として，健全で透明性の高いコーポレートガバナンス・内部統制を構築し，グループ会社を適切に統治します。
2．監査役会設置会社である当社の取締役会は，重要な業務執行の決定を行うとともに，取締役の職務の執行を監督します。取締役会がその役割を適切に果たすためには，東京海上グループの事業内容，事業展開，統治構造等を踏まえ，取締役会全体として必要なスキルが備わっていることが必要です。また，必要とされるスキルは，事業環境の変化に伴い変化します。
3．当社において重要な業務執行の決定や監督を適切に行うためには，まずは，ビジネスを深く理解していること，すなわち，「保険事業」に精通していることが求められます。また，「金融経済」，「財務会計，ファイナンス」，「法務コンプライアンス」，「人事労務」，「ガバナンス，リスクマネジメント」のスキルはあらゆる判断のベースとなります。さらに，技術革新が目覚ましく，事業変革において「テクノロジー」が必須とされる昨今，このスキルの重要性はますます高まっています。加えて，特に社外取締役には，「国際性」，「企業経営」のスキルを期待しています。これは，グローバルに事業展開する東京海上グループにとって，グローバルな環境認識や企業経営の知見が大変有益であるためです。
4．監査役においても，取締役の職務の執行を適切に監査するためには，上記の取締役会同様のスキルを備える形で監査役会が構成されることが望ましいと考えています。そのなかでも，「財務会計，ファイナンス」のスキルの重要性は特に高く位置付けられます。
5．左記の表は，本定時株主総会後の取締役・監査役（予定）とその有するスキルを一覧にしたものですが，全体として必要なスキルが備わっているものと考えています。(スキルの一覧表は省略)

なお，JPX100以外でも，スキル・マトリックスを先行開示している企業では，開示にあたり各スキル項目について，その定義を詳細に説明している企業も存在する。いずれにしても，今後は単純にスキル・マトリックスを開示するだけでなく，スキル設定の考え方，定義，さらには現在のスキルの充足状況を併記する企業が増えてくると思われる。

(4)　取締役の経歴

スキル・マトリックスは取締役会において，その役割・機能を発揮するためのスキルが取締役会全体として適切にカバーされているかを確認するとともに，構成メンバーである各取締役が，適切なスキルを有しているかを確認するものである。

一方で，2020年11月の会社法施行規則の改正により，社外取締役が果たすことが期待される役割に関して行った職務の概要を事業報告で記載することが求められる（会社法施行規則124条４号ホ）とともに，コーポレートガバナンス・コードでも，取締役会が経営陣幹部の選解任と取締役・監査役候補の指名を行うに当たっての方針と手続を踏まえ，経営陣幹部の選解任と取締役・監査役候補の指名を行う際の，個々の選解任・指名についての説明（原則３－１（ｖ））が求められている。

このため，取締役の選任事由については，株主総会招集通知やコーポレートガバナンス報告書などで一定の開示が求められており，スキル・マトリックスは，その有用な補足資料としても有用である。

実際に，先行開示企業の多くでは，取締役候補者の経歴に併せて選任事由を記載しているが，内容についてスキル・マトリックスを踏まえた表現にする，もしくは，スキル・マトリックスを付属資料として参照している事例も増加すると思われる。

(5)　取締役会の活動・実効性評価

コーポレートガバナンス・コードにおいては，「取締役会は，毎年，各取締役の自己評価なども参考にしつつ，取締役会全体の実効性について分析・評価を行い，その結果の概要を開示すべきである」とされている（補充原則４－11

③)。

さらには，社外取締役ガイドラインでは，「社外取締役は経営の監督者であり，監督者である社外取締役を直接に監督する立場にある者は基本的に存在しないことから，独善に陥るリスクがあることを自覚し，会社の持続的な成長と中長期的な企業価値の向上のために社外取締役自身が十分な貢献ができているか，謙虚な姿勢で自己評価・自省を行い，自律的にPDCAサイクルを回していくことを心掛けるべきである」とされている（社外取締役ガイドライン２－４－３）。

これらを勘案すると，本質的な取締役会および委員会の実効性評価とは，取締役会が全体として役割・機能を発揮したか否かを評価するだけではなく，社内・社外を問わず，個々の取締役のパフォーマンスを評価することであり，さらにはパフォーマンスの評価の重要なポイントとして，保有するスキルが発揮できているかという観点から，スキル・マトリックスと対比することが有用である。

既に，米国や英国では，実効性評価の中で個々の取締役のパフォーマンスのスキルのレビューを行っており，今後の日本企業でも，取締役の事前評価はスキル・マトリックス，事後評価は実効性評価と関連付けて開示することも想定される。

⑹　取締役の機能維持

コーポレートガバナンスが求める取締役会の役割・機能の強化において，個々の取締役のスキル・ノウハウ・経験は重要な要素であり，取締役会や委員会の議題を適切にカバーすることをスキル・マトリックスと実効性評価により，評価する必要があることは先述のとおりである。

一方，取締役会の役割・機能の維持・向上は，一過的ではなく継続的に取り組むべきであり，その一連の取組がボード・サクセッションという視点で整理されつつある。その中で，スキル・マトリックスは，①現在時点で脆弱なスキルがどこに存在するか，②中長期的にはどのスキルに脆弱性が顕在化する可能性があるか，という点で課題を検証する有益な手段となる。

これについては，取締役会の責務としてCEO等のサクセッションプランへの関与（補充原則４－１③）への対応や，社外取締役のサクセッションプラン（社外取締役ガイドライン４－４－４）で言及されており，サクセッションプランにおいて，スキル・マトリックスの活用状況や検討の外観を示すことが想定され，また，スキル・マトリックスで明らかとなるスキルの脆弱性について，補充原則４－14②で取締役・監査役のトレーニングでどのように対処するかという形で連動するのである。

以上が，スキル・マトリックスに関連する情報の説明であるが，スキル・マトリックスが単に，取締役会の現状の把握と開示の手段に留まらず，取締役会の機能向上に大きく貢献しうることが理解されるであろう。その観点でスキル・マトリックスを今後，どのように活用するかという課題については，Chapter ５で解説する。

7　スキル・マトリックスの開示先

ここまでは，スキル・マトリックスの具体的な開示内容についての説明を行ったが，最後にこれまでの内容の検討を踏まえ，最終的にはスキル・マトリックスをどこで開示するかについて説明する。

今回のコーポレートガバナンス・コード改訂により，スキル・マトリックスの作成と開示が要請されることとなったが，具体的な開示方法についての言及がないことは既に述べたが，スキル・マトリックスをどこに開示するかについても言及がなされていない。

そこで，JPX100で先行開示を行った企業は，どこでスキル・マトリックスを開示しているか調査（2021年８月）したところ，**図表３－８**の結果が得られた。

今回のスキル・マトリックス開示については，コーポレートガバナンス・コードの改訂案が３月末に公表されたこともあり，直後の定時株主総会の招集

［図表3－8］先行開示企業（JPX100）の開示先

定時株主総会招集通知	統合報告書	コーポレートガバナンス報告書	自社ホームページ
53社	30社	5社	13社

［図表3－9］コーポレートガバナンス報告書での開示時期（TOPIX100）

	CG改訂前	CG改訂後		
		6月	7月	8月
開示（5社）	1社	3社	－	1社
参照（8社）	－	2社	6社	－
全社（99社）	16社	43社	34社	6社

通知で先行開示を行ったと想定される。この背景として，会社法施行規則の改訂により，2021年の定時株主総会招集通知では，社外取締役を中心に選任事由を詳細に記載する企業が増加したため，スキル・マトリックスも先行的に開示しようと判断したものと思われる。

また，株主総会招集通知以外で開示が多かったのは統合報告書の「ガバナンス」の項目の中での開示であった。この統合報告書について，一部2020年版が含まれているが，これらの企業ではコーポレートガバナンス・コード改訂以前から自主的にスキル・マトリックスを開示していたと思われる。

なお，今後開示が増加すると思われるコーポレートガバナンス報告書であるが，今回の調査時点（2021年8月）では，スキル・マトリックスを直接開示した企業は5社，スキル・マトリックスに言及，もしくは株主総会招集通知やホームページを参照とした企業は8社であった。

これらの調査を踏まえると，コーポレートガバナンス報告書におけるスキル・マトリックスの開示は，先行企業の状況をにらみつつ，2021年内の市場選択手続を踏まえ，今後本格化するものと思われる。

ところで，コーポレートガバナンス報告書における開示内容はどのようなものであろうか，下記ではいくつかの事例を示す。

まずは，スキル・マトリックスを直接開示している事例である。下記は，「Ⅰ コーポレート・ガバナンスに関する基本的な考え方及び資本構成，企業属性その他の基本情報」の説明資料としてスキル・マトリックスを開示している例である。

東京海上ホールディングス
CG報告書（2021.7.8更新）より抜粋　下線部分は筆者加筆
【コーポレートガバナンス・コードの各原則に基づく開示】
３．経営陣幹部の選解任に関する方針と手続き等
⑸　取締役および監査役の多様性（補充原則４－11①）
　取締役会の構成に関する考え方として，取締役の数は，10名程度とし，このうち，原則として３名以上を社外取締役とすることとしております。また，取締役会の実効性を確保するために，取締役の選任にあたっては，多様な分野の知見，専門性を備えたバランスのとれた構成とすることとしております。なお，取締役の任期は１年とし，再任を妨げないものとします。監査役の選任にあたりましても，取締役同様，バランスの取れた構成とすることとしております。
　また，当社は取締役・監査役のスキルについて以下のように考えております。
<取締役・監査役のスキルについての考え方>
1．東京海上グループは，保険グループとしてグローバルに事業を展開しています。そのなかで，当社はグループを統括する保険持株会社として，健全で透明性の高いコーポレートガバナンス・内部統制を構築し，グループ会社を適切に統治します。
2．監査役会設置会社である当社の取締役会は，重要な業務執行の決定を行うとともに，取締役の職務の執行を監督します。取締役会がその役割を適切に果たすためには，東京海上グループの事業内容，事業展開，統治構造等を踏まえ，取締役会全体として必要なスキルが備わっていることが必要です。また，必要とされるスキルは，事業環境の変化に伴い変化します。
3．当社において重要な業務執行の決定や監督を適切に行うためには，まずは，ビジネスを深く理解していること，すなわち，「保険事業」に精通していることが求められます。また，「金融経済」，「財務会計，ファイナンス」，「法務コンプライアンス」，「人事労務」，「ガバナンス，リスクマネジメント」のスキルはあらゆる判断のベースとなります。さらに，技術革新が目覚ましく，事業変革において「テクノロジー」が必須とされる昨今，このスキルの重要性はますます高まっています。加えて，特に社外取締役には，「国際性」，「企業経営」のスキルを期待しています。これは，グローバルに事業展開する東京海上グループにとって，グローバルな環境認識や企業経営の知見が大変有益であるた

めです。
4．監査役においても，取締役の職務の執行を適切に監査するためには，上記の取締役会同様のスキルを備える形で監査役会が構成されることが望ましいと考えています。そのなかでも，「財務会計，ファイナンス」のスキルの重要性は特に高く位置付けられます。
5．下記の表は，現在の取締役・監査役とその有するスキルを一覧にしたものですが，全体として必要なスキルが備わっているものと考えています。
※スキル・マトリックスを掲示

一方で，下記のように，スキル・マトリックスを開示しているものの，構成上，参考資料としてコーポレートガバナンス報告書の巻末に参考として掲載している企業も存在した。

オリンパス
CG報告書（2021.6.24更新）より抜粋，下線部分は筆者加筆
【コーポレートガバナンス・コードの各原則に基づく開示】
【原則３－１ 情報開示の充実】
⑸ 取締役の選任理由
- 各取締役の選任理由およびスキルマトリックスは，定時株主総会招集ご通知の取締役選任議案参考書類および本報告書（P.9，および別表「取締役のスキルマトリックス」）において記載していますのでご参照ください。
2021年３月期定時株主総会招集ご通知 ※URLのリンクを掲示

なお，現段階で多く見られた事例は，以下のようにコーポレートガバナンス報告書には直接開示せず，株主総会招集通知や，ホームページ，および統合報告書などを参照する方法である。

三菱ケミカルホールディングス
CG報告書（2021.6.24更新）より抜粋，下線部分は筆者加筆
【コーポレートガバナンス・コードの各原則に基づく開示】
（補充原則４－11－１ 取締役会の構成についての考え方）
（コーポレートガバナンス基本方針「経営の健全性と効率性を高める体制の整備」２⑵）
当社グループの経営の基本方針を策定し，適切に経営を監督するため，経営経験，財務・会計，科学技術・IT・生産，リスクマネジメント，事業戦略・マーケ

ティング，法務・法規制等，国際性・多様性の各項目の観点で高度な専門的知識と高い見識を有する取締役を選任します。
　また，取締役会の監督機能の強化を図るため，取締役の過半数は執行役を兼任しません。
　なお，上記に関するスキル・マトリックスについては，株主総会招集通知をご参照ください。※URLのリンクを掲示

　これらの調査結果から，今後のスキル・マトリックス開示は，コーポレートガバナンス報告書での開示が増加すると思われる。また，関連して株主総会招集通知でのスキル・マトリックス開示も増えるであろう。

　しかしながら，コーポレートガバナンス報告書や，株主総会招集通知では，分量や形式的な制約から，十分な開示ができないことも確かである。そのため，統合報告書や，ホームページ等で関連情報を含めた開示を行う企業も増加すると想定される。以下は，統合報告書におけるガバナンス項目と，スキル・マトリックスの開示業の位置づけの事例である。

三菱ケミカルホールディングス
統合報告書「KAITEKIレポート2020」の記載項目（ガバナンス部分）
４．コーポレートガバナンス
コーポレートガバナンス体制
取締役会の役割
委員会の構成・役割
執行役・執行役会
三様監査
取締役会の多様性　　※スキル・マトリックスを開示
取締役候補者の指名方針
社外役員の独立性に関する基準
取締役会で議論された主な議題
取締役会実効性評価
CEO評価
役員報酬

【先行開示53社の開示項目】

No.	会社機関	開示スキ				
		経営全般 マネジメント	グローバル	事業戦略 営業・マーケティング	研究開発・技術 生産・IT	財務・会計
1	指名委員会等設置会社	経営経験	国際性・多様性	事業戦略・マーケティング	科学技術 IT・生産	財務・会計
2	指名委員会等設置会社	企業経営	グローバル			財務／会計
3	指名委員会等設置会社	企業経営・経営戦略	グローバル		研究開発・生産	財務・会計
4	指名委員会等設置会社	企業のCEO 経営トップ	グローバルビジネス		エンジニアリング IT/テクノロジー	財務／経理
5	指名委員会等設置会社		グローバルマネジメント	セールス マーケティング	製品／技術	財務／会計
6	指名委員会等設置会社	経営全般	国際ビジネス・多様性		製造・研究・開発	財務・会計
7	指名委員会等設置会社	企業経営	グローバルビジネス		IT/テクノロジー	財務／会計 M&A
8	指名委員会等設置会社	企業経営				財務会計
9	指名委員会等設置会社	企業経営・組織運営	国際性	マーケティング	イノベーション IT	財務・会計
10	指名委員会等設置会社	企業経営				財務会計
11	指名委員会等設置会社	企業経営	グローバル			財務会計
12	指名委員会等設置会社	経営	国際ビジネス		テクノロジー サイバーセキュリティ	財務／会計／金融
13	指名委員会等設置会社	企業経営	グローバルビジネス			事業投資 金融
14	指名委員会等設置会社	企業経営	国際ビジネス		DX/情報通信	財務会計
15	指名委員会等設置会社	経営	国際ビジネス		デジタル（IT）	会計財務

ル項目				
法務・コンプライアンス リスクマネジメント	人事	サステナビリティ	所属セクター	その他
法務・法規制等 リスクマネジメント				
法律			学識経験者(専門分野)	国際性・多様性
法務・コンプライアンス 内部統制・ガバナンス	人事・人材開発			
リスク管理／渉外			関連業界・事業	多様性(性別／国籍)
法務／リスクマネジメント ガバナンス		CSR	自動車業界 政府機関	
法務 リスクマネジメント		ESG	ヘルスケア業界	
	人材育成 ダイバーシティ			
法律			金融業界	
法務 リスクマネジメント	総務・人事	ESG・サステナビリティ	行政 金融業界	
法律			金融業界	
法律			金融業界	
法務／リスク管理		サステナビリティ		
			事業知見	
法務 コンプライアンス				
法制度・規制 内部統制(リスク管理を含む)			金融業界	

No.	会社機関	開示スキ				
		経営全般 マネジメント	グローバル	事業戦略 営業・マーケティング	研究開発・技術 生産・IT	財務・会計
16	指名委員会等設置会社	事業戦略	グローバル経営		デジタル	財務，会計
17	指名委員会等設置会社	企業経営			テクノロジー	会計監査
18	指名委員会等設置会社	経営経験	グローバル経験	販売・マーケティング	テクノロジー	財務・会計
19	監査等委員会設置会社	企業経験	グローバル経営 国際性		テクノロジー	管理・経営企画・財務 投資・市場
20	監査等委員会設置会社	企業経営	国際ビジネス・M&A	営業・マーケティング	技術・生産・R&D デジタル	財務・会計
21	監査等委員会設置会社	企業経営	グローバル	営業・マーケティング	生産・SCM 技術・研究開発 ICT	財務・会計
22	監査等委員会設置会社	企業経営	国際性		研究開発	財務・会計
23	監査等委員会設置会社	企業事業経営	国際性 グローバル経験	営業・マーケティング	技術・研究開発	財務会計
24	監査等委員会設置会社	企業経営	国際性		イノベーション（新規事業） ICT・DX	財務・会計・数理
25	監査等委員会設置会社	企業経営・経営戦略	海外事業戦略	営業企画・出店政策 商品開発コーディネート	製造・品質管理 物流・貿易・調達 DX推進・IT・情報通信	財務会計・税務 マクロ経済・国際情勢
26	監査役会設置会社	経営	国際経験		技術・研究開発	財務・会計
27	監査役会設置会社	企業経営・経営戦略	国際事業・海外知見		技術・品質・環境	財務戦略・会計

ル項目				
法務・コンプライアンス リスクマネジメント	人事	サステナビリティ	所属セクター	その他
法務 コンプライアンス	人事戦略	ESG・SDGs		トランスフォーメーション戦略
コーポレートガバナンス				
法律			研究者・政府機関	
法務 コンプライアンス			産業政策	広報戦略
ガバナンス リスクマネジメント				
リスクマネジメント・法律		ESG	業界経験	
法務 リスクマネジメント	人材開発・育成	ESG		
	人事			
法務 リスクマネジメント				
法務コンプライアンス	人事・労務・人材開発		業界の知見	
ガバナンス・リスク管理			公共政策	
法務		サステナビリティ	金融業界	
コンプライアンス				
リスク管理				
法務 リスクマネジメント	組織・人事・人材開発	サステナビリティ・SDGs		現状否定・変化・挑戦
内部統制・ガバナンス				
法務・リスクマネジメント		ESG		
ガバナンス・リスク管理 コンプライアンス	人材開発・ダイバーシティ 社会性向上			

No.	会社機関	開示スキ				
		経営全般 マネジメント	グローバル	事業戦略 営業・マーケティング	研究開発・技術 生産・IT	財務・会計
28	監査役会設置会社	長期展望・戦略思考	グローバル経営力	当社事業マネジメント		財務会計・内部統制
29	監査役会設置会社	企業経営	海外事業	ブランド戦略 マーケティング・営業	SCM R&D・新規事業 ヘルスサイエンス ICT/DX	財務・会計
30	監査役会設置会社	企業経営者経験	海外事業経験	マーケティング・ブランディング	DX・IT・セキュリティ	財務・会計 ファイナンス
31	監査役会設置会社	企業経営				財務・会計
32	監査役会設置会社	経営経験	国際経験	販売/マーケティング	研究開発 生産 IT/情報統括	財務会計
33	監査役会設置会社	企業経営・経営戦略	グローバルビジネス	事業戦略・マーケティング	サイエンス&テクノロジー DX・IT	財務・会計
34	監査役会設置会社	企業分析	グローバルビジネス	戦略企画 マーケティング・営業	技術・研究開発 生産	財務・会計
35	監査役会設置会社		グローバル経営		イノベーション/技術/DX	財務・会計
36	監査役会設置会社	経営・国際経験		マーケティング 当社事業・業界経験		財務・会計・M&A
37	監査役会設置会社	企業経営	グローバル	営業/マーケティング		金融/経済/財務
38	監査役会設置会社	企業経営経験	グローバル	営業/マーケティング	イノベーション/研究開発 製造/品質管理	ファイナンス
39	監査役会設置会社	経営経験	国際性・多様性	企画	製造・研究開発・IT	財務・会計 経済
40	監査役会設置会社	経営 (トップ経験)	グローバル	営業/マーケティング	調達・製造 技術・開発 IT	ファイナンス (CFO経験)

ル項目				
法務・コンプライアンス リスクマネジメント	人事	サステナビリティ	所属セクター	その他
	人材マネジメント	サステナビリティ 経営思考		非連続成長推 進力
法務・コンプライアンス リスク管理	人事・労務 人材開発	ESG・サステナビ リティ		
リスクマネジメント 危機対応・法務	組織マネジメント	サステナビリティ	小売業経験 金融業経験	
法務・知財		環境・社会		
法務				
法務・リスクマネジメント	人事・人材育成	サステナビリテ ィ・ESG		保有資格
法務・コンプライアンス リスク管理			医療行政・公衆 衛生	保有資格
法務/リスク管理		ESG (環境・社会・ガ バナンス)	重点事業 および業界経験	
法務 リスクマネジメント		ESG (環境・社会・ガ バナンス)		
法務・コンプライアンス リスク管理	人権/人事/人材育成	環境		
法務/コンプライアンス				
法務 ガバナンス				
		コーポレート ESG		

No.	会社機関	開示スキ				
		経営全般 マネジメント	グローバル	事業戦略 営業・マーケティング	研究開発・技術 生産・IT	財務・会計
41	監査役会設置会社	経営全般	グローバル	マーケティング /営業		財務・経理 リスクマネジメント
42	監査役会設置会社	企業経営	国際経験		デジタル・IT	財務・経理
43	監査役会設置会社	企業経営	グローバル経験	Strategic Focus	Innovation & DX	財務会計・内部統制
44	監査役会設置会社	企業経営		営業・マーケティング	製造・開発	財務会計 資本市場との対話
45	監査役会設置会社	企業経営			情報・通信	投資 金融
46	監査役会設置会社	企業経営	国際性		テクノロジー	財務会計 ファイナンス 金融経済
47	監査役会設置会社	企業経営	グローバル		テクノロジー イノベーション	財務・会計 ファイナンス
48	監査役会設置会社	企業経営・トップ経験	グローバル・長期戦略		技術・イノベーション	財務・会計
49	監査役会設置会社	経営管理	マーケティング グローバルビジネス		IT・DX・研究開発	財務・ファイナンス
50	監査役会設置会社	上場会社における 社長経験者				
51	監査役会設置会社	経営	グローバル	セールス マーケティング	デジタル テクノロジー	財務
52	監査役会設置会社	企業経営	国際性・多様性	マーケティング	電力供給に関する技術 DX・事業開発	財務・会計
53	監査役会設置会社	企業経営			テクノロジー	財務・会計 金融・M&A

ル項目				
法務・コンプライアンス リスクマネジメント	人事	サステナビリティ	所属セクター	その他
内部統制 法務/コンプライアンス	人事・労務	SDGs・ESG	健康・医療	
法務・コンプライアンス リスクマネジメント			公的機関	
法務 リスクマネジメント		ESG		
法務 リスクマネジメント			半導体・FPD 関連	
法律			政府機関	
法務 コンプライアンス	人事・労務		保険事業	
ガバナンス リスクマネジメント				
コンプライアンス リスクマネジメント		ESG	まちづくり (不動産開発)	
法務・ESG リスク管理	人事・人材開発		航空事業・安全	
法務・リスクマネジメント 公共政策	HR			
法律・会計・行政の 専門性を有するもの			情報通信分野の 専門性を有する もの	
法務／リスク				
法務				
リスクマネジメント				
法律・ガバナンス			学識経験	多様性

(出所) 先行開示各社2021年株主総会招集通知をもとに日本総研作成

Chapter **4**

スキル・マトリックス作成・開示における日本企業の課題

Chapter 2およびChapter 3では，今回のコーポレートガバナンス・コード改訂を受けて，スキル・マトリックスをどのように作成し，開示するかについて説明した。

この中でも述べたが，スキル・マトリックスとは，取締役会の構成メンバーの保有スキルを整理し開示するだけではなく，スキル・マトリックスの作成を通じて，自社のコーポレートガバナンスの方針を再認識するとともに，方針に基づいた会社機関や委員会の見直しを踏まえ，どのようなスキルが必要とされているか，現状及び中長期で，どのようなスキルを強化すべきであるかを，取締役会で積極的に検討することで，ガバナンス強化を行うためのツールである。

これらの議論においては，日本企業全般のコーポレートガバナンスの特徴，スキル構造の特徴を把握することが有用である。そこで，本Chapterでは，Chapter 1でもふれた日本企業のガバナンス構造，スキル構造をさらに深掘りして，今後の課題を整理したい。

なお，先述のとおり2021年8月時点ではスキル・マトリックスの先行開示企業はTOPIX100企業でも約半分の53社にとどまる。また，スキル・マトリックスの作成・開示には統一的な基準が存在しないため，特にスキルの水準については，各社でばらつきがあると思われる。そこで，本Chapterでのスキル分析については，2018年度のTOPIX100企業を対象にしたスキル調査のデータを利用して，課題を整理する。

1 取締役会の構造

まずは，日本企業のガバナンス改革の着手状況を会社機関の選択から考察する。図表４－１はTOPIX100企業の会社機関の選択の推移を表したものである。

推移は2018年の前回調査と，2021年８月の今回調査を比較したものであるが，前回と比較すると，今回は監査役会設置会社から指名委員会等設置会社への移行が進んだことがわかる。それに伴い，独立社外取締役の任用も進んでいる。取締役会における独立社外取締役の比率は，全体でも５割に迫る動きとなっているが，監査役会設置会社においても前回は３分の１未満であったのが，今回は３分の１を大きく超える結果となった。なお，Chapter 1でも触れたが，取締役会における多様性についてであるが，今回の調査では，TOPIX100企業における取締役会の女性比率は14.1％（女性ゼロの企業は８社），外国人比率は3.3％であり，2018年時点で9.6％であった女性比率は一定の増加を見せている。

これらの動きは，コーポレートガバナンス・コード改訂において，独立社外取締役の増員の議論がなされる中で，社外取締役候補者の確保が困難になることを想定した企業が先手を打って増員に踏み切ったことも大きな背景要因であ

［図表４－１］会社機関の選択状況（TOPIX100）

2018年調査（TOPIX100）

	取締役総数平均	社外取締役平均（比率）	社外取締役過半数
全体（N=100）	11.3名	4.2名（36.7%）	16社
監査役会設置会社（N=70）※監査役は含まず	10.9名	3.3名（30.1%）	3社
監査等委員会設置会社（N=12）	11.9名	5.0名（41.9%）	3社
指名委員会等設置会社（N=18）	12.5名	6.9名（55.5%）	10社

2021年調査（TOPIX100）

	取締役総数平均	社外取締役平均（比率）	社外取締役過半数
全体（N=99）	11.2名	5.1名（45.7%）	27社
監査役会設置会社（N=57）※監査役は含まず	10.5名	4.名（38.1%）	6社
監査等委員会設置会社（N=16）	12.1名	5.7名（47.4%）	4社
指名委員会等設置会社（N=27）	12.1名	7.0名（58.4%）	17社

（出所）日本総研作成

ると思われるが，特に，会社機関の選択や，独立社外取締役の増員などを見ると，一連のコーポレートガバナンス改革が進んでおり，多くの企業がモニタリングモデルへの移行もしくは，マネジメントモデルの要素を維持しつつも監督機能の強化を指向していることが理解できる。

一方で，モニタリングモデルを意識した動きが加速しているとはいえ，TOPIX100企業においても，未だ半数以上が監査役会設置会社に留まり，また委員会設置会社へ移行する企業においても，独立社外取締役を過半数にすることに躊躇する企業も少なくない。

その背景としては，会社法362条４項の存在があると思われる。具体的には，取締役会は下記で示す事項や，その他の重要な業務執行の決定を取締役に委任することができないとされていることにある。

会社法362条４項
- 重要な財産の処分及び譲受け
- 多額の借財
- 支配人その他の重要な使用人の選任及び解任
- 支店その他の重要な組織の設置，変更及び廃止
- 社債を引き受ける者の募集に関する重要な事項として法務省令で定める事項
- 取締役の職務の執行が法令及び定款に適合することを確保するための体制その他株式会社の業務並びに当該株式会社及びその子会社から成る企業集団の業務の適正を確保するために必要なものとして法務省令で定める体制の整備
- 定款の定めに基づく役員及び会計監査人の会社に対する損害賠償責任の免除
- その他の重要な業務執行の決定

このように，「業務執行に係る重要な意思決定」が取締役会に留保されている以上，構成員である取締役の過半数を，社外に委ねることにした場合，独立社外取締役が必要以上に業務執行に関与するリスクがあると判断している企業が少なからず存在する。これらの企業は会社法改正の動向をにらみつつ，今後の対応を検討する必要があると思われる。

また，監督機能の強化は重要と意識しているものの，マネジメントモデルを維持する方針の企業も存在するが，この場合は取締役会の監督機能をどのよう

［図表４－２］取締役会の機能強化の論点

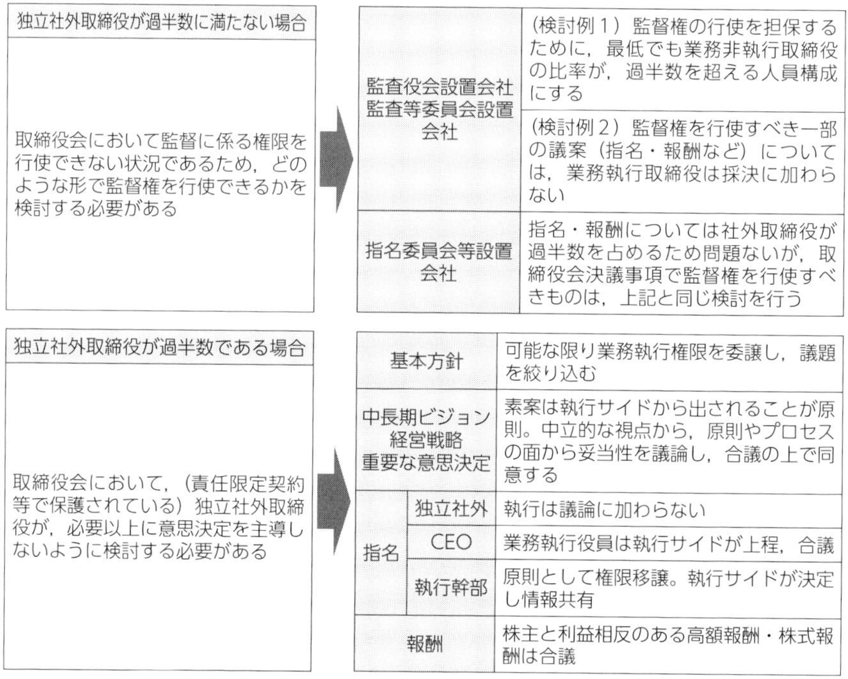

独立社外取締役が過半数に満たない場合		
取締役会において監督に係る権限を行使できない状況であるため，どのような形で監督権を行使できるかを検討する必要がある		
⇒	監査役会設置会社 監査等委員会設置会社	（検討例１）監督権の行使を担保するために，最低でも業務非執行取締役の比率が，過半数を超える人員構成にする
		（検討例２）監督権を行使すべき一部の議案（指名・報酬など）については，業務執行取締役は採決に加わらない
	指名委員会等設置会社	指名・報酬については社外取締役が過半数を占めるため問題ないが，取締役会決議事項で監督権を行使すべきものは，上記と同じ検討を行う

独立社外取締役が過半数である場合		
取締役会において，（責任限定契約等で保護されている）独立社外取締役が，必要以上に意思決定を主導しないように検討する必要がある		
⇒	基本方針	可能な限り業務執行権限を委譲し，議題を絞り込む
	中長期ビジョン 経営戦略 重要な意思決定	素案は執行サイドから出されることが原則。中立的な視点から，原則やプロセスの面から妥当性を議論し，合議の上で同意する
	指名　独立社外	執行は議論に加わらない
	指名　CEO	業務執行役員は執行サイドが上程，合議
	指名　執行幹部	原則として権限移譲。執行サイドが決定し情報共有
	報酬	株主と利益相反のある高額報酬・株式報酬は合議

（出所）日本総研作成

に維持するかを検討し，ステークホルダーに説明する必要がある。

いずれにしても，日本では，コーポレートガバナンス改革の途上に位置しており，モニタリングモデルへの移行も視野に入れた取締役会の監督機能強化が重要な課題事項であることは間違いない。

一方で，多くの企業において，コーポレートガバナンス改革は移行途上であることや，会社上の制約などで，取締役会において一定の意思決定を留保する企業においては，社内出身の業務執行取締役と，独立社外取締役が，業務執行に関する意思決定とその監督に際して，それぞれがどのような役割を果たすべきかを整理したうえで，その際に必要なスキルやノウハウ・経験は何かを検討し，スキル・マトリックスで検証することが必要となる。

2　日本企業における取締役の役割

これらを踏まえ，日本企業の取締役会において，社内出身の業務執行取締役と，独立社外取締役が，それぞれどのような役割を果たすべきかを整理したものが**図表4－3**である。

一般論として，モニタリングモデルにおいて，業務執行は経営陣に権限移譲されるため，取締役会は専ら業務執行の監督となるため，独立社外取締役の役割は監督が中心となっている。しかし，多くの日本企業はモニタリングモデルへの移行期，もしくは一定のマネジメントモデルを保留しているため，取締役会では，業務執行の意思決定と，監督の双方が議題となる。また，取締役会は過半数で議決がなされるため，取締役は執行と監督について役割分担をすることは困難であり，双方の役割を担うことになる。

その意味では，独立社外取締役が意思決定に参加するためには，一定の経営

［図表4－3］取締役の役割の再整理

<table>
<tr><th></th><th></th><th>意思決定に関する事項</th><th>監督に関する事項</th><th colspan="2">スキルマトリックスの範囲</th></tr>
<tr><td rowspan="2">取締役</td><td>業務執行</td><td>特に，業務執行上重要な意思決定を遂行するに足りる，スキル・経験を有しているか</td><td>特に，担当・管掌分野以外については，独立社外取締役と同等の監督を果たすためのスキルを保有しているか</td><td>—</td><td rowspan="2">モニタリングモデル移行期の企業，もしくはマネジメントモデルのまま監督機能を強化する企業では，意思決定と監督の双方の観点でスキルが充足されているかを確認</td></tr>
<tr><td>独立社外</td><td>中長期戦略やCEOサクセッションなど重要な意思決定について議論できるスキル・経験を有しているか</td><td>業務執行の監督を行う上で，必要と思われるスキル・経験を有しているか（可能であれば複数の人員で相互補完できているか）</td><td>モニタリングモデルの場合は，監督スコープの網羅性という観点から確認</td></tr>
<tr><td colspan="2">監査役</td><td>—</td><td>会社法で定められた監査役の職務遂行に必要なスキル・経験を有しているか</td><td colspan="2">監査役のスキルについては委員会設置会社（監査委員，監査等委員）との整合性を考えて定義</td></tr>
</table>

（出所）日本総研作成

に関するスキルや経験を求められることになり，この部分はコーポレートガバナンス・コード（補充原則４－11①）や各種の実務指針でも言及されていることである。ただし，これらのスキルを全ての独立社外取締役が求められるのではなく，選任された複数の独立社外取締役でカバーできれば問題がない。

一方で，これまでに十分に議論されていない重要な視点として，業務執行取締役に対しても監督の視点が求められるということがあげられる。特に，日本の場合，取締役会に一定数の業務執行取締役が就任すること，および業務執行取締役は，経営者としての立場だけではなく，特定の事業分野の執行責任者であることが一般的である。そのため，業務執行取締役は，自己の担当・所管する分野以外，つまり他の業務執行役員の業務執行に対して，社外取締役と同等に監督を行う責務を担っていると解するべきである。

実際に，多くの企業の実効性評価のインタビューにおいて，下記の事例のように，独立社外取締役が社内取締役の取締役会での積極的な関与を促す回答を寄せるケースが散見される。

実効性評価における独立社外取締役のコメント（事例）

当社の業務執行取締役が行う取締役会での発現は，それぞれが担当する領域の報告・説明，およびそれに関連する議論に限定されることが多い。

取締役の職務という観点からは，業務執行取締役についても，他の取締役の業務執行の監督を行う立場から，積極的に関与し，発言すべきであると思われる。

以上が，現在の日本企業の現状を，取締役会の構造（会社機関の選択）と，取締役の役割という観点から整理したものである。以降では，そのためにどのようなスキルが必要になるかを論じるが，その前提として，日本企業の取締役の保有スキルについての分析を行う。

3　取締役のスキル分析（TOPIX100：2018年）

前項では，日本企業の取締役会および，その構成員である取締役についての現状を説明した。それを踏まえて，ここでは取締役会のスキル構成についての分析を行う。

なお，分析においてスキル・マトリックスの開示企業からスキル分析を行うという方法も想定されるが，TOPIX100において，先行開示企業が53社にとどまっており，各社が掲示しているスキル項目および，各社がスキルを認定する基準についてもバラツキがあるため，今回の分析は，TOPIX100（2018年）のスキル調査をもとに実施する。

スキル構成の分析（全体）

まずは，取締役会全体のスキル構成を示したものが**図表4－4**である。なお，日本企業の特徴をより明確にするため，参考として米国企業，英国企業を掲示する。また，日本企業のデータには監査役が含まれている。

図表4－4によると，日本企業全体としては，「広く・薄い」スキル分布となっていることが分かる。また，個別にみると，最も高い値を示したのは，「事業戦略」であり，次いで「営業・マーケティング」，「経営戦略」の順に続いており，事業軸のスキルが重視されていると思われる。一方，機能軸については，監査の項目が高い値となっているが，これは監査役および監査委員，監査等委員は一定数の人員が要求されているからと解釈される。

これらを総合すると，日本企業の取締役会は，業務執行における意思決定がスムーズにとり行うことができるように，事業軸のスキル・経験を有する取締役が一定程度配置されており，機能軸では監査を中心に人材が配置されており，マネジメントモデルの側面を有していると解釈できる。

次いで，米国・英国企業と比較する。両国においては，「経営戦略」，「事業戦略」が高い数値を示しており，事業軸に関しては戦略面を重視しているのが分かる。それに加えて「グローバル」が高い値を示している。機能軸に目を転じると，日本企業で比較的高い数値を示している「監査」以外には，「ファイナンス」，「投資」，「ガバナンス」が両国では高い値を示している。

これらの分析を見ると，米国・英国企業は，グローバルな経営戦略・事業部門を俯瞰しつつ，ファイナンスやリスク，ガバナンスという観点からの監督と

［図表４－４］日本・米国・英国のスキル構成（2018年）

スキル・経験		日本 (1,463)	米国 (1,163)	英国 (804)
全般	経営全般	37.7% (552)	57.9% (673)	35.6% (286)
	グローバル	30.9% (452)	71.3% (829)	69.7% (560)
事業軸	経営戦略	38.9% (569)	72.0% (837)	70.8% (569)
	事業戦略	60.6% (887)	75.8% (881)	70.8% (568)
	営業・マーケティング	46.3% (678)	41.0% (477)	44.7% (359)
	R&D	9.1% (133)	23.6% (375)	7.5% (60)
	生産・技術	11.2% (164)	33.0% (384)	20.8% (167)
	品質・安全	10.5% (153)	18.6% (216)	17.7% (142)
	SCM・購買	5.3% (78)	2.1% (24)	2.6% (21)
機能軸	ファイナンス	22.2% (325)	67.0% (779)	59.5% (478)
	投資	22.1% (324)	63.7% (741)	59.0% (474)
	財務会計	19.8% (290)	31.3% (364)	27.2% (219)
	規制対応	－	41.1% (478)	21.8% (175)
	組織・人事	9.6% (140)	11.4% (133)	4.9% (39)
	リスクマネジメント	16.8% (246)	57.0% (663)	59.5% (478)
	DX/ITC	5.5% (80)	13.1% (152)	3.2% (26)
	内部統制・監査	38.2% (559)	42.1% (490)	52.5% (422)
	ガバナンス	15.8% (231)	69.7% (811)	57.8% (465)
	広報	6.7% (98)	1.7% (20)	2.9% (23)
	サステナビリティ	5.3% (78)	9.4% (109)	6.0% (48)
	知的財産	1.6% (24)	0.5% (6)	0.4% (3)
	法務・コンプライアンス	15.0% (220)	9.8% (114)	3.0% (24)
	経営管理	14.8% (217)	2.2% (26)	1.6% (13)
セクター	学術	10.3% (150)	9.0% (105)	4.7% (38)
	公共セクター	11.4% (167)	14.0% (163)	13.8% (111)
	金融セクター	11.9% (174)	21.6% (251)	27.6% (222)

監査を行う，モニタリングモデルの色彩がスキル面からも現れている。その意味では，モニタリングモデルへの移行が進むと，米国・英国企業のようなスキル構成となる可能性がある。

スキル構成の分析（社外・社内）

次に，日本企業のスキル状況を，社外と社内に分けて分析する（図表4　5）。

まずは社外取締役についての分析であるが，最も高い値を示したスキルは「監査」であった。これは，集計の対象に社外監査役が含まれていることもあ

［図表4－5］日本企業のスキル構成（2018年）

スキル・経験		総計 (1,463)	社外 (626)	社内 (837)
全般	経営全般	37.7% (552)	34.2% (214)	40.4% (338)
	グローバル	30.9% (452)	26.5% (166)	34.2% (286)
事業軸	経営戦略	38.9% (569)	25.6% (160)	48.9% (409)
	事業戦略	60.6% (887)	43.1% (270)	73.7% (617)
	営業・マーケティング	46.3% (678)	26.5% (166)	61.2% (512)
	R&D	9.1% (133)	1.9% (12)	14.5% (121)
	生産・技術	11.2% (164)	2.2% (14)	17.9% (150)
	品質・安全	10.5% (153)	2.1% (13)	16.7% (140)
	SCM・購買	5.3% (78)	1.4% (9)	8.2% (69)
機能軸	ファイナンス	22.2% (325)	24.1% (151)	20.8% (174)
	投資	22.1% (324)	24.1% (151)	20.7% (173)
	財務会計	19.8% (290)	21.4% (134)	18.6% (156)
	組織・人事	9.6% (140)	3.2% (20)	14.3% (120)
	リスクマネジメント	16.8% (246)	20.3% (127)	14.2% (119)
	DX/ITC	5.5% (80)	1.9% (12)	8.1% (68)
	内部統制・監査	38.2% (559)	57.3% (359)	23.9% (200)
	ガバナンス	15.8% (231)	20.6% (129)	12.2% (102)
	広報	6.7% (98)	1.1% (7)	10.9% (91)
	サステナビリティ	5.3% (78)	2.9% (18)	7.2% (60)
	知的財産	1.6% (24)	0.8% (5)	2.3% (19)
	法務・コンプライアンス	15.0% (220)	19.3% (121)	11.8% (99)
	経営管理	14.8% (217)	2.4% (14)	24.1% (202)
セクター	学術	10.3% (150)	23.3% (146)	0.5% (4)
	公共セクター	11.4% (167)	23.6% (148)	2.3% (19)
	金融セクター	11.9% (174)	12.8% (80)	11.2% (94)

るが，日本では社外取締役の役割は第一義的には監査であると考えられているからであると思われる。「監査」以外に，高い値を示したスキルは「事業戦略」，「経営全般」，「グローバル」，「マーケティング」，「経営戦略」となっているが，これらのスキルは，社内取締役よりも低い値を示している。

一方で，社内取締役を上回ったスキルは「ガバナンス」，「法務・コンプライアンス」，「リスクマネジメント」，「ファイナンス」，「投資」，「財務会計」などであり，一般的な監督に必要とされるスキルに合致した傾向といえよう。

また，厳密にいうとスキルではないが，「学術」，「公共」というセクター経験は，社内取締役の値を大きく上回っている。「法務・コンプライアンス」，「財務会計」と併せて考えると，この傾向は，社外取締役の選任を検討するにあたって，大学等の研究者や官僚経験者，弁護士，公認会計士などが，社外役員に登用されてきた職業経験と一致することが分かる（**図表４－６**）。

なお，先述した「経営戦略」や「事業戦略」という比較的高い値を示したスキルに関しては，**図表４－６**の企業経営経験者と関連があると思われる。

さらに，社内取締役に目を転じてみると，高い値を示したスキルは「事業戦略」，「マーケティング」，「経営戦略」，「グローバル」であり，概ね社外取締役の傾向と一致する。また，社内取締役が社外役員を大きく上回るスキルについては，「R&D」，「生産・技術」，「SCM・購買」などの事業軸に関するもので

［図表４－６］社外取締役の職業経験

経験	比率
学術分野	23.3%
公共セクター	23.6%
金融セクター	12.8%
会計士	10.4%
弁護士	16.1%
企業経営（経験）者	32.4%
社外取締役（経験者）	50.5%
監査役（経験者）	28.4%

あった（ちなみに，事業軸は全てのスキルで社内が社外を上回っている）。また，機能軸では「経営管理」，「広報」，「システム」などが社外を上回っていた。特に，「経営管理」については，業務執行取締役の管掌として多くの企業で管理本部長などのポストを置いているからと思われる。

[図表4－7] 委員会（監査・指名・報酬）別のスキル構成

スキル・経験 (各委員会，取締役＋監査役)		監査 (462)	指名 (423)	報酬 (414)
全般	経営全般	13.4% (62)	57.9% (245)	58.0% (240)
	グローバル	19.5% (90)	34.0% (144)	33.1% (137)
事業軸	経営戦略	19.9% (92)	43.7% (185)	41.8% (173)
	事業戦略	35.3% (163)	63.4% (268)	62.6% (259)
	営業・マーケティング	26.4% (122)	42.6% (180)	40.3% (167)
	R&D	3.9% (18)	5.9% (25)	6.0% (25)
	生産・技術	5.4% (25)	5.9% (25)	6.0% (25)
	品質・安全	4.8% (22)	5.4% (23)	5.1% (21)
	SCM・購買	2.6% (12)	3.5% (15)	3.5% (15)
機能軸	ファイナンス	31.0% (143)	18.2% (77)	20.3% (84)
	投資	31.2% (144)	18.0% (76)	20.5% (85)
	財務会計	30.5% (141)	13.7% (58)	16.7% (69)
	組織・人事	5.8% (27)	7.6% (32)	7.5% (31)
	リスクマネジメント	24.9% (115)	14.9% (63)	15.2% (63)
	DX/ITC	3.5% (16)	3.5% (15)	3.6% (15)
	内部統制・監査	100% (462)	27.0% (114)	27.5% (114)
	ガバナンス	23.2% (107)	14.7% (62)	14.3% (59)
	広報	3.9% (18)	4.5% (15)	3.6% (15)
	サステナビリティ	3.2% (15)	3.8% (16)	3.6% (15)
	知的財産	1.3% (6)	1.9% (8)	1.4% (6)
	法務・コンプライアンス	21.9% (101)	13.7% (58)	13.5% (56)
	経営管理	13.0% (60)	6.6% (28)	7.0% (29)
セクター	学術	13.0% (60)	17.3% (73)	17.1% (71)
	公共セクター	18.8% (87)	16.3% (69)	14.7% (61)
	金融セクター	11.7% (54)	12.5% (53)	12.8% (53)

これらの分析を総合すると，日本企業における取締役会は，業務執行を担う社内取締役のスキルは事業軸に関するスキルが主体であり，このことから業務執行に関する意思決定を行うマネジメントモデルの色彩を有している一方で，社外取締役は，集計上では社外監査役を含むため，監査が主体であるといえるが，一方で選任については，取締役会での議題に紐づいたスキルよりも，研究者や官僚経験者，弁護士，公認会計士など，明確にわかる資格や職歴を重視する傾向があると思われる。

スキル構成の分析（各委員会）

さらに，監査（等）委員会（監査役会）や，任意の諮問機関を含む，指名委員会，報酬委員会のメンバーが保有するスキルについて図表４－７および４－８で分析を行った。監査委員会のメンバー全員が，「監査」のスキルを有するのは当然として，取締役会での平均値よりも高い値を示したスキルは，「ファイナンス」や「投資」，「財務会計」，「リスクマネジメント」，さらには「ガバナン

［図表４－８］各委員会での主要スキル

委員会	要求スキル	スキル分布	
		当該委員会	取締役会との差
監査	ファイナンス 投資 財務会計 内部統制・監査 リスクマネジメント ガバナンス 法務・コンプライアンス	31.0% 31.2% 30.5% 100.0% 24.9% 23.2% 21.9%	+8.7% +9.0% +10.7% +61.8% +8.1% +7.4% +6.8%
指名	経営全般 経営企画 事業戦略 グローバル	57.9% 63.4% 43.7% 34.0%	+20.2% +2.7% +4.8% +3.1%
報酬	経営全般 経営企画 事業戦略 グローバル	58.2% 62.6% 41.8% 33.1%	+20.2% +1.9% +2.9% +2.2%

ス」や「法務・コンプライアンス」など，監査テーマに関係するものであった。

次いで，指名委員会，および報酬委員会に関するスキルについて分析を行う。全般的な傾向であるが，現在の日本企業においては，指名委員会と報酬委員会は「指名・報酬委員会」と一本化していることが多いため，両者のスキル構成は共通している。

具体的なスキルの内容であるが，取締役会の平均値を上回るスキルとしては「経営全般」,「経営企画」,「事業戦略」，および「グローバル」であり，逆に「組織・人事」に関するスキルは，取締役会の平均値を下回るという興味深い結果となった。

これらの結果を考察すると，指名委員会，報酬委員会で要求されるスキルは人事制度や評価制度・プロセスの設計などのスキルよりも，取締役および候補者を具体的に評価するために必要な，経営全般および事業軸のスキルが優先されているが，これは現在の日本企業における，指名委員会，報酬委員会の対象者が，CEOを中心とした経営陣であるからと思われる。

業務執行取締役のスキル構成

さらに，業務執行取締役について階層別にスキル構成を分析したものが**図表4－9**である。階層の分類については，経営全般を所管する会長・副会長・社長（CEOおよびCOOを含む）と，副社長や専務，常務などの上席役員と，その他の執行幹部に区分した。なお，近年では取締役には序列を付けずに，執行役や執行役員に序列をつけるのが一般的であるため，分類にあたってはこれらの職位を参考にした。

分類ごとの特徴であるが，会長・副会長・および社長については,「経営全般」,「事業戦略」,「経営戦略」などの包括的な経営スキルが上位に入った。これに対し，副社長・専務・常務などの上席役員，およびその他の執行幹部については，スキルが分散する傾向が共通して見られた。

なお，全体として見られるのは，事業軸に関するスキルは比較的高い値を示しているものの，機能軸，特に「ファイナンス」や「投資」,「財務会計」,「リ

［図表４－９］階層別のスキル構成（業務執行取締役）

スキル・経験		会長・副会長 社長 (185)	副社長・専務・ 常務 (366)	その他 執行幹部 (117)
全般	経営全般	98.4% (183)	35.0% (128)	4.3% (5)
	グローバル	46.5% (86)	32.0% (117)	37.6% (44)
事業軸	経営戦略	73.0% (135)	44.5% (163)	47.9% (56)
	事業戦略	93.5% (173)	73.0% (267)	74.4% (87)
	営業・マーケティング	73.0% (135)	60.9% (223)	67.5% (79)
	R&D	12.4% (23)	17.5% (64)	14.5% (17)
	生産・技術	13.5% (25)	22.4% (82)	18.8% (22)
	品質・安全	11.9% (22)	21.6% (20)	17.1% (20)
	SCM・購買	7.0% (13)	9.6% (35)	7.7% (9)
機能軸	ファイナンス	15.7% (29)	22.4% (82)	17.9% (21)
	投資	15.1% (28)	21.9% (80)	18.8% (22)
	財務会計	10.3% (19)	19.9% (22)	18.8% (22)
	組織・人事	11.4% (21)	17.8% (65)	9.4% (11)
	リスクマネジメント	8.6% (16)	16.7% (61)	12.0% (14)
	DX/ITC	5.9% (11)	10.1% (37)	9.4% (11)
	内部統制・監査	5.4% (10)	7.9% (29)	5.1% (6)
	ガバナンス	8.6% (16)	14.2% (52)	11.1% (13)
	広報	10.8% (20)	12.0% (44)	10.3% (12)
	サステナビリティ	3.8% (7)	9.6% (35)	5.1% (6)
	知的財産	0.5% (1)	3.0% (11)	3.4% (4)
	法務・コンプライアンス	7.6% (14)	14.2% (52)	12.0% (14)
	経営管理	15.7% (29)	27.3% (100)	19.1% (21)
セクター	学術	0.5% (1)	0.5% (2)	0.9% (1)
	公共セクター	2.7% (5)	2.5% (9)	1.7% (2)
	金融セクター	13.0% (24)	10.1% (37)	5.4% (18)

スクマネジメント」や「内部統制・監査」，「ガバナンス」というモニタリングモデルにおいて，監督として必要なスキルは低位であり，当該領域については社外取締役に依存している構造であると想定される。

これらを総合すると，会社機関の選択や社外取締役の増員など取締役会の監督機能の強化，モニタリングモデルの移行に向けての動きは進みつつある一方で，スキル面ではマネジメントモデルの側面が色濃く残っていることが分かる。ただし，今回のスキル調査は2018年時点のものであるため，近年のガバナンス改革を踏まえた変化を注視すべきと思われる。

スキル・マトリックスと保有スキルの比較

最後に，時系列や対象会社で差異があるが，TOPIX100企業における，スキル・マトリックス先行開示におけるスキル・マトリックスと，2018年度の保有スキル情報を比較した（**図表４－10**）。

まず，先行開示企業におけるスキル・マトリックスで示されたスキル項目であるが，先行開示企業のうち，多くの会社で「経営全般」，「グローバル」，「財務会計」，「法務・コンプライアンス」，「リスクマネジメント」が共通してあげられていた。なお，モニタリングモデルでは重要と思われる「内部統制・監査」項目であるが，スキル項目として示した企業は少なかった。

この理由としては，先行開示企業においても53社中28社は監査役会設置会社であり，監査役を開示対象から除外している企業もあること，さらには「内部統制・監査」のスキルは監査役の有する必須のスキルであるため，記載をする必然性が低いと判断されたことなどが想定される。

一方で，取締役の有するスキルを見てみると，必ずしも前出のスキルがカバーされているわけではないことが分かる。先述のとおり，取締役会の役割や機能を発揮するためには，それぞれのスキルを複数の取締役がカバーしていることが望ましく，その観点から，概ね３分の１以上の取締役が有している実際のスキルを確認したところ，「経営全般」，「経営戦略」，「事業戦略」，「営業戦略」，「内部統制・監査」となり，求めるスキルと実際に有しているスキルとの間にギャップがあると分かった。これについては，時系列の差異という要因も存在するが，一般的には取締役の改選は複数年で段階的に行われることを考えると，現在においても，一定のギャップは存在すると思われる。

[図表4－10] スキル・マトリックス掲載項目と保有スキルの対比

スキル・経験		先行開示（社数：53）	取締役（人数：1463）
全般	経営全般	86.8%　(46)	37.7% (552)
	グローバル	86.8%　(46)	30.9% (452)
事業軸	経営戦略	22.6%　(12)	38.9% (569)
	事業戦略	34.0%　(18)	60.6% (887)
	営業・マーケティング	45.2%　(24)	46.3% (678)
	R&D	54.7%　(29)	9.1% (133)
	生産・技術	35.8%　(19)	11.2% (164)
	品質・安全	1.9%　(1)	10.5% (153)
	SCM・購買	7.5%　(4)	5.3%　(78)
機能軸	経営管理	5.7%　(3)	14.8% (217)
	財務会計	92.4%　(49)	19.8% (290)
	ファイナンス（調達・投資）	35.8%　(19)	22.2% (325)
	M&A	7.5%　(4)	－
	経済	7.5%　(4)	－
	DX/ITC	49.1%　(26)	5.5%　(80)
	組織・人事	35.8%　(19)	9.6% (140)
	ダイバーシティ	15.1%　(8)	－
	法務・コンプライアンス	94.3%　(50)	15.0% (220)
	リスクマネジメント	66.0%　(35)	16.8% (246)
	内部統制・監査	13.2%　(7)	38.2% (559)
	ガバナンス	18.9%　(10)	15.8% (231)
	行政対応	17.0%　(9)	－
	サステナビリティ	43.4%　(23)	5.3%　(78)
セクター	業界経験	32.1%　(17)	－
	学術	5.7%　(3)	10.3% (150)
	金融セクター	17.0%　(9)	11.9% (174)

具体的なギャップの内容と，想定される背景であるが，先述のとおり取締役の保有するスキルについては，現在もなおマネジメントモデルの色彩が色濃く残っていることに対して，スキル・マトリックスについては取締役の監督機能

の強化やモニタリングモデルへの移行が意識されているため，特に監督にかかるスキル項目である「財務会計」，「法務・コンプライアンス」および「リスクマネジメント」が十分に満たされていないと思われる。さらに，サステナビリティやDX/ITCについては今後高まるスキル項目とされているが，取締役の保有スキルとしては追い付いていないことも図表から見てとれる。

4　今後の取締役会でさらに求められるスキル

ここまでは，TOPIX100企業のデータをもとに，日本企業がコーポレートガバナンス改革の中で，取締役会の役割を高める動きが高まっていることに対し，どのようなスキルが必要と認識しているか，一方で保有するスキルと比較すると，どこにギャップが存在するかを分析した。これを踏まえて本項では，今後必要と思われるスキルの要件を整理する。まずは，先行開示のトレンドから，今後各社が充実を図るべきと思われるスキルとその課題を説明する。

(1)　経営全般

取締役会の役割は，経営理念や中長期の経営戦略・経営計画を議論すること（基本原則４－１）とされており，そのためには「一定の経営経験」が必要となる。さらに，監督機能の強化という観点からも，独立社外取締役には他社での経営経験を含めるべきである（補充原則４－11①）とされている。この「一定の経営経験」の定義について，具体的に示されてはいないが，一般論として下記の要件が想定される。

- 上場企業およびそれに準じる企業での会長・社長（CEO,COO）もしくは，代表取締役の経験者（現役，OB）

※上記の「準じる企業」の要件としては以下が想定される
　－持株会社経営における主要事業会社
　－有価証券報告書の提出会社
　－上場外資系企業の日本法人
　－政府等が出資する事業法人

なお，これらの企業については単純に規模が同じではなく，業態，ビジネスモデル，ライフサイクルの類似性も重要である

一方，これらのスキルを有する取締役の確保については，絶対数が少ないこともあり，今後獲得が困難になると思われる。そのため，これらのスキルを有する人材については，他社との兼職を認容せざるを得ないであろう。また，兼務そのものについては，経営戦略を広範に理解する観点では有用であるという側面もあるため，補充原則４－11②でも示されているように，一定の兼務をどの程度まで認めるかを内規等で整理し，対応することも必要であろう。

⑵ グローバル

昨今の経営環境においては多くの企業ではグローバルは避けて通れない経営課題となっている。具体的には，海外進出などの戦略面が第一にあげられるが，海外調達や，海外企業のM&Aや提携，外国人社員の受入れなどの対応は，国内での事業が中心の企業でも直面する課題である。

また，上場企業においては，増加する海外機関投資家への対応も必要となっている。このため，取締役会においても自社の抱えるグローバル課題に対して適切な業務意思決定および監督ができるスキルを有した取締役が必要であり，コーポレートガバナンス・コードにおいても，取締役会の実効性を高めるために国際性に配慮した選任を行うべきとされている（基本原則４－11）。

さらには，今回のコーポレートガバナンス・コードの改訂により，外国人の採用も登用に関する計画と目標と進捗に関する情報の開示が求められる（補充原則２－４①）ことにより，これらに対応するためにもグローバル対応のスキルやノウハウのある人材が取締役会メンバーにも必要となる。

一方で，グローバルについてはスキルやノウハウ，それとも経験の何れを指すのかが曖昧である。上述のとおり，企業におけるグローバルの位置づけは異なっているため，適切な意思決定と監督に必要とされるグローバルのスキル・ノウハウ・経験が何かを整理する必要がある。

> **先行開示事例におけるグローバル視点と求めるスキル・経験の要素**
> (包括的視点) 全社視点でのグローバル戦略の責任・推進者
> ●多国籍企業での経営者としての経験
> (経営戦略・事業戦略の視点)
> ●グローバル・海外事業戦略の責任者
> ●海外拠点での責任者
> (経験・属性)
> ●海外拠点での勤務経験
> ●外国人である経営幹部

なお，スキル・マトリックスにおいて，グローバルに外国人という属性も含めて開示している企業もみられるが，これはコーポレートガバナンス・コードが求める多様性も併せて開示する意図があると思われる。いずれにせよ，この領域においても，各社が一斉に確保を進めると思われるなかで，自社が求めるグローバルに基づいたスキル設定を行うことが重要である。

⑶　財務会計・ファイナンス

企業経営において，財務会計の領域は重要なスキル要素であることは言うまでもなく，実際にスキル・マトリックスの先行開示においても，ほとんどの企業がスキル項目として採用している（なお，先行開示では多くの企業がスキル項目として示しているのは「財務会計」であるが，実際にはファイナンスが含まれる企業が多いと思われる）。

さらに，近年ではファイナンスの重要性が高まっている。実際に，コーポレートガバナンス・コードの原則５－２において資本コストという明確な概念が打ち出されており，グループ実務指針や，事業再編ガイドラインにおいても，その重要性が強調されている。

原則5－2．経営戦略や経営計画の策定・公表
経営戦略や経営計画の策定・公表に当たっては，自社の資本コストを的確に把握した上で，収益計画や資本政策の基本的な方針を示すとともに，収益力・資本効率等に関する目標を提示し，その実現のために，事業ポートフォリオの見直しや，設備投資・研究開発投資・人的資本への投資等を含む経営資源の配分等に関し具体的に何を実行するのかについて，株主に分かりやすい言葉・論理で明確に説明を行うべきである。

実際，多くの企業においてはM&Aや大型投資に対する意思決定の局面で使われる投資判断基準（ハードルレート）に資本コストを考慮することが一般的になりつつあるが，事業ポートフォリオの見直し，さらには企業価値の議論に際しては，十分に資本コストを踏まえた議論がなされているとは言い難いのが実情である。

財務会計およびファイナンス分野は，一定のトレーニング等で取得しやすいスキルではあるものの，今後も投資判断やポートフォリオ，企業価値の議論を行う際に，意思決定に参加する，もしくは適切な監督を主導するという意味では，当該分野のスキルやノウハウ・経験を有した取締役を確保することが急がれるであろう。

なお，この分野のスキル保持者は，委員会設置会社への移行という背景からも会計監査のスキルを有する人材もしくは，公認会計士が多くを占めていたが，主として財務会計が主体であり，ファイナンス分野を十分にカバーしていないこともあるので，スキル確認の際には留意すべきである。

⑷　法務・コンプライアンス

スキル・マトリックスにおけるスキル項目として，当該領域に関するスキル項目は米国・英国企業では少ないが，日本では多くの企業が取り上げている，日本企業に特有のスキル項目といえる。

背景としては，近年の日本企業においては，上場企業においても，様々な形でのコンプライアンス問題が顕在化しており，ステークホルダーに対して，法令遵守の姿勢を示す必要があるためと思われる。

コーポレートガバナンスにおけるモニタリングモデルの趣旨を考えると，事業執行については経営陣に移行されているため，一般的には個別の法的問題を取締役会で議論することは想定していない。一方で，取締役会で一定の意思決定を行う余地のある日本企業では，重要な個別事象が議論になりうるということも想定される。日本において重要なスキル項目とされる，もう１つの要因であると思われる。

モニタリングモデル的要素
- 全社的なコンプライアンスの枠組みや取組状況の監督
- 過去の法的問題に対する定期的な監視・監督

マネジメントモデル的要素
- 事業に特有な重要法務・コンプライアンス事項の審議
- グローバルや新規事業において重要な法的事項

これらを勘案すると，当該領域に対して要求すべきスキルは，企業の状況によって異なると思われる。また，担い手については，弁護士など法曹関係者が中心になるが，一般的には当該領域は分野が多方面にわたっているため，取締役会で適切に役割を果たすことのできる人材を確保するために，自社の議題と専門領域が整合しているか否かを確認することが重要である。

(5)　リスクマネジメント

この領域は，スキル・マトリックスで多くの先行開示企業が，スキル項目としている。その背景として，リスクマネジメントは，かつてよりコーポレートガバナンスでは「守り」のガバナンスにおける重要な要素であり，コーポレートガバナンス・コードでも「取締役会は，適時かつ正確な情報開示が行われるよう監督を行うとともに，内部統制やリスク管理体制を適切に整備すべきである（原則４－３）」とされていることにある。

さらに，現在のコーポレートガバナンスにも，近年では事業環境の変化が激しいことから，リスクを統合的に管理する必要が高まったことも，先行企業においてリスクマネジメントをスキル項目として取り上げる要因となったのであろう。

法務・コンプライアンスと同様に，リスクマネジメントにおいても，取締役会での議論は，ERMやBCP／BCMなどのリスクマネジメント全般についての仕組・枠組の在り方や，その管理水準・管理状況が中心になるべきであり，個別事象については，可能な範囲で経営陣に委ねるべきである

> モニタリングモデル的要素
> - ERMやBCP／BPMの仕組・枠組の在り方，管理水準・状況
> - リスクシナリオの議論
>
> マネジメントモデル的要素
> - 顕在化した，あるいはその可能性の高い重大な個別リスク事象への対応方針

なお，リスクマネジメントについては広範かつ専門性が高い分野であるため，取締役会の構成メンバーで全てをモニタリングすることが困難であるため，スキル調査で，十分にカバーできないと判断した場合は，外部から専門家をオブザーバーとして招聘するなどの対応策も検討すべきである。

ここまでの５項目は，これまでのコーポレートガバナンス改革の中で，重要とされてきたものであるが，近年のトレンドとして，取締役会で意思決定や監督を行う重要なテーマとして，「DX／ITC」と，「サステナビリティ」があげられる。

特に，「サステナビリティ」については，コーポレートガバナンス・コードの改訂で，明確に取組要請が強化されているので，どの程度のスキルを備えた人材が取締役会にいるのかを開示することが重要になる。

⑹ デジタル（DX／ITC）

企業における情報システムの重要性は言うまでもないが，近年はさらにSociety5.0の動きにみられる社会のデジタル化が急速に進展しており，企業経営に大きな影響を及ぼし得る状況となっている。特に，これまでは情報システム

といえば，社内の情報共有や業務効率化が主体であったが，近年はデジタル化と，得られるデータを起点にした事業戦略，事業開発がDXとして本格化するなど，今後の企業戦略の重要な要素となっている。

これらの状況を受けて，政府も企業のさらなるデジタル対応を後押ししている。特に2019年度に公表されたデジタルガバナンス・コードは，企業がデジタル戦略を推進し，積極的な資源配分を行うことを後押しするものである（**図表4－11**）。

この動きは，当然のことではあるがコーポレートガバナンスにも影響を及ぼす。具体的には，「攻め」のガバナンスの視点からは，近年巨大化するデジタル投資にどのように取り組むかを議論し，「守り」のガバナンスの視点からはサイバーセキュリティへの対応と，GDPRなどデータ利活用に伴う適切な保護などが挙げられる。

一方で，これらの急速な企業のDXやITC推進の流れに対して，取締役会の中で投資の是非や，各種のリスクを議論できる人材が，監督サイドはもちろん，執行サイドでも不足しているのが現状である。特に，DXやITCというと技術的な側面のアプローチに陥りがちであるが，現在特に必要なのは企業経営の視点からDXやITCにアプローチできるCDOやCIOという人材であり，監督サイドにおいても同様のスキルや経験がある人材が必要になると思われる。

⑺ サステナビリティ

デジタル以上に，近年の企業経営にインパクトを与えているのがサステナビリティである。多くの企業では，過去からもCSRやESGという観点で対応していたが，近年ではSDGsの概念が定着したことや，特に環境を中心にサステナビリティが重要視され，具体的に2050年にカーボンニュートラルが政策として打ち出されたことからも，その取組は加速した。

この流れは，コーポレートガバナンスに対しても当然に影響を及ぼす。従来は投資家目線，企業価値目線が中心であった企業経営も，マルチステークホル

[図表 4 －11] デジタルガバナンス・コードの概要

行動原則（デジタルガバナンス・コード）

原則 1	原則 2	原則 3	原則 4	原則 5
成長に向けたビジョンの構築と共有	ビジョンの実現に向けたデジタル戦略の策定	体制構築と関係者との協業	デジタル経営資源の適正な配分	デジタル戦略の実行と評価

デジタルガバナンス・コードの構造

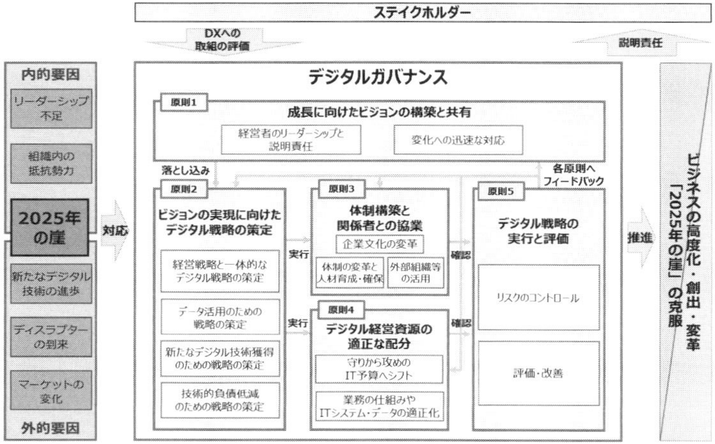

ステイクホルダー
DXへの取組の評価
説明責任
内的要因
リーダーシップ不足
組織内の抵抗勢力
2025年の崖
新たなデジタル技術の進歩
ディスラプターの到来
マーケットの変化
外的要因
対応
デジタルガバナンス
原則1
成長に向けたビジョンの構築と共有
経営者のリーダーシップと説明責任
変化への迅速な対応
落とし込み
各原則へフィードバック
原則2
ビジョンの実現に向けたデジタル戦略の策定
経営戦略と一体的なデジタル戦略の策定
データ活用のための戦略の策定
新たなデジタル技術獲得のための戦略の策定
技術的負債低減のための戦略の策定
実行
原則3
体制構築と関係者との協業
企業文化の変革
体制の変革と人材育成・確保
外部組織等の活用
原則4
デジタル経営資源の適正な配分
守りから攻めのIT予算へシフト
業務の仕組みやITシステム・データの適正化
確認
原則5
デジタル戦略の実行と評価
リスクのコントロール
評価・改善
推進
ビジネスの高度化・創出・変革
「2025年の崖」の克服

※現在の議論は、主として「攻め」のガバナンスに関するものが中心であるが、データ利活用の議論や、GDPRの趨勢、さらにはサイバーセキュリティなど「守り」のガバナンスに関する論点整理と対応策の検討も重要と思われる

DXの取組はすぐに企業利益に反映されるものばかりではなく、投資家等の市場関係者には理解されにくい性質を持つ。そのため、客観的な評価基準や制度を用いて、DXの取組に関して政府からの”お墨付き”を貰うことで、投資家等の市場関係者を含む外部のステークホルダーに対して企業価値をアピールすることができると考える。

（出所）経済産業省「デジタルガバナンスに関する有識者検討会」（2019）をもとに日本総研が加筆

［図表 4 －12］ 企業経営とサステナビリティ

サステナビリティの全体構造

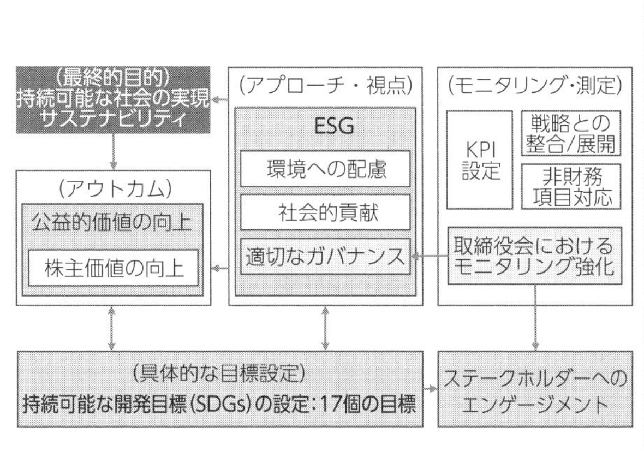

トレンド・キーワード

- 株主至上主義はなりをひそめ，ステークホルダーとの関係性，利害が経営の基盤になることが世界の潮流となってきている
- サステナビリティは株主価値を否定するものではなく，公益的価値に内包されるものであり，両者のバランスが重要
- 一方で，日本においてはガバナンス改革は途上，東証の市場区分変更において（特にプライム市場）はより高度なガバナンスが求められる
- 現段階の日本企業のガバナンスにおいては，サステナビリティ対応と，資本コストを意識した経営，取締役会の監督機能強化がポイント
- 特に，取締役の監督機能強化を実現するために，社外取締役の位置づけが重視され，その視点として外部独立性とダイバーシティーが存在

（出所）日本総研作成

ダー目線，公益的価値目線と変化しており，実際に2019年のスチュワードシップ・コード改訂において，サステナビリティへの配慮が織り込まれたことを受けて，コーポレートガバナンス・コードの改訂にもサステナビリティに関して多くの項目が盛り込まれることとなった。

コーポレートガバナンス・コードにおけるサステナビリティ対応

- 「持続可能な開発目標」(SDGs) が国連サミットで採択され，気候関連財務情報開示タスクフォース (TCFD) への賛同機関数が増加するなど，中長期的な企業価値の向上に向け，サステナビリティ (ESG要素を含む中長期的な持続可能性) が重要な経営課題であるとの意識が高まっている。こうした中，我が国企業においては，サステナビリティ課題への積極的・能動的な対応を 一層進めていくことが重要である (基本原則2　考え方)
- 上場会社は，社会・環境問題をはじめとするサステナビリティを巡る課題について，適切な対応を行うべきである (原則2－3)
- 取締役会は，気候変動などの地球環境問題への配慮，人権の尊重，従業員の健康・労働環境への配慮や公正・適切な処遇，取引先との公正・適正な取引，自然災害等への危機管理など，サステナビリティを巡る課題への対応は，リスクの減少のみならず収益機会にもつながる重要な経営課題であると認識し，中長期的な企業価値の向上の観点から，これらの課題に積極的・能動的に取り組むよう検討を深めるべきである (補充原則2－3①)
- 上場会社は，経営戦略の開示に当たって，自社のサステナビリティについての取組みを適切に開示すべきである。また，人的資本や知的財産への投資等についても，自社の経営戦略・経営課題との整合性を意識しつつ分かりやすく具体的に情報を開示・提供すべきである。特に，プライム市場上場会社は，気候変動に係るリスク及び収益機会が自社の事業活動や収益等に与える影響について，必要なデータの収集と分析を行い，国際的に確立された開示の枠組みであるTCFDまたはそれと同等の枠組みに基づく開示の質と量の充実を進めるべきである (補充原則3－1③)
- 取締役会は，中長期的な企業価値の向上の観点から，自社のサステナビリティを巡る取組みについて基本的な方針を策定すべきである。また，人的資本・知的財産への投資等の重要性に鑑み，これらをはじめとする経営資源の配分や，事業ポートフォリオに関する戦略の実行が，企業の持続的な成長に資するよう，実効的に監督を行うべきである (補充原則4－2②)

上記は，2021年のコーポレートガバナンス・コード改訂におけるサステナビリティに関する事項であるが，企業におけるサステナビリティへの積極的な取組を進めるとされている。具体的にはサステナビリティを企業戦略に織り込み，適切な指標を基にした管理を行うとともに，方針や進捗状況に対して適切な情報開示を行うこと，そのうえで，取締役会において適切な監督を行うことが記載されている。

特に，プライム市場への移行を予定している企業においては，サステナビリティに関する経営戦略の開示においてTCFD対応という具体的な取組について，枠組の構築から運用まで，一連の整備が求められ，取締役会で適切な監督が求められる。なお，これらサステナビリティへの取組は多岐にわたり，専門性も高いため，取締役会で十分な議論や意思決定，監督を行うには，時間的・内容的に限界があることも事実であり，独立社外取締役が委員長となる任意の諮問委員会を置いて，重点的に審議を行う企業も今後は増加すると思われる。

なお，**図表4－13**では，米国企業や英国企業の取締役会や諮問委員会でのサ

［図表4－13］取締役会・委員会でのサステナビリティ関連議題

サステナビリティ関連委員会の役割・議題	（参考）サステナビリティ委員会非設置会社における取締役会でのサステナビリティ関連議題
• 事業開発・投資活動と業績，また出捐・支援など社会貢献プログラムを含む，当社およびステークホルダーにとって重要である，環境の持続可能性と人権など，社会的責任事項に関する基本方針や戦略を監督する（米国，メーカー） • 持続可能な組織のための企業戦略と，社会活動などの優先事項について確認，監視するとともに，指標の設定と実装状況を監督する。また，コミュニケーションやリスクについての確認も行う（米国，小売） • 自社目的を実現する方法に関する戦略的方向性を提供する。特に，持続可能な収益成長を実現しながら，社会的および環境にプラスの影響を与えることの進捗状況を監督する（英国，通信） • 信頼の構築と尊敬・信頼を得るために，グループの企業的および社会的責任を果たすための戦略，実施手段について承認および監督する。また，ステークホルダーへの関与状況を監督する（英国，小売）	• 取締役会は会社の事業戦略とリスク管理の監督の一環として，企業の社会的責任について，重要な公共政策，気候変動関連，環境・健康・安全などの項目について，持続可能な戦略と実施状況を監督する（米国，メーカー） • 取締役会は，グループの戦略の監視と実施に責任を負う。議長から要請された追加議題で，取締役会は持続可能な財政や気候変動を含むサステナビリティを検討し，気候変動に関する詳細なセッションを実施した。この結果，気候変動がビジネスに与える潜在的な影響と，グループ内で進行している気候関連のリスク対応を議論・監督し，継続して討議・監督する必要があることを確認した（英国，金融）

（出所）各社開示資料より日本総研作成

[図表4－14] サステナビリティに関するスキル保有状況（2018）

カテゴリー	スキル		米国平均 S&P100	英国平均 FTSE100	日本平均 TOPIX100	米国S&P CSR委員会		英国FTSE CSR委員会		日本	
						116		139		—	
経営全般	Management	経営	57.9%	35.6%	37.7%	47	40.5%	52	37.4%		
	Global	グローバル	71.3%	69.7%	30.9%	69	59.5%	98	70.5%		
事業軸のスキル・経験	Strategy	企画	72.0%	70.8%	38.9%	67	57.8%	105	75.5%		
	Operation	ビジネス	75.8%	70.8%	60.6%	64	55.2%	105	75.5%		
	Marketing	マーケ	41.0%	44.7%	46.3%	33	28.4%	69	49.6%		
	R&D	研究開発	23.6%	7.5%	9.1%	40	34.5%	10	7.2%		
	Technology	生産・技術	33.0%	20.8%	11.2%	48	41.4%	46	33.1%		
	HSE	品質・安全・環境	18.6%	17.7%	10.5%	21	18.1%	40	28.8%		
	Purchase	購買	2.1%	2.6%	5.3%	2	1.7%	5	3.6%		
機能軸のスキル・経験	Finance	ファイナンス	67.0%	59.5%	22.2%	66	56.9%	51	36.7%		
	Investmernt	投資	63.7%	59.0%	22.1%	67	57.8%	51	36.7%		
	Accounting	会計	31.3%	27.2%	19.8%	35	30.2%	19	13.7%		
	Administration	管理	2.2%	1.6%	14.8%	6	5.2%	4	2.9%		
	Communication	広報	1.7%	2.9%	6.7%	5	4.3%	5	3.6%		
	Regulatory	規制対応	41.1%	21.8%	-	67	57.8%	48	34.5%		
	HR/Talent	人事	11.4%	4.9%	9.6%	8	6.9%	10	7.2%		
	IT	システム	13.1%	3.2%	5.5%	9	7.8%	3	2.2%		
	Risk	リスク	57.0%	59.5%	16.8%	70	60.3%	75	54.0%		
	Audit	監査	42.1%	52.5%	38.2%	43	37.1%	66	47.5%		
	Governance	ガバナンス	69.7%	57.8%	15.8%	78	67.2%	88	63.3%		
	ESG/CSR	ESG/CSR	9.4%	6.0%	5.3%	30	25.9%	20	14.4%		
	IP	知的財産	0.5%	0.4%	1.6%	1	0.9%	0	0.0%		
	Ethics/Law	法務・コンプラ	9.8%	3.0%	15.0%	17	14.7%	4	2.9%		
セクターの所属経験	Academia	学術	9.0%	4.7%	10.3%	24	20.7%	10	7.2%		
	Public	公共セクター	14.0%	13.8%	11.4%	30	25.9%	27	19.4%		
	Finance	金融セクター	21.6%	27.6%	11.9%	20	17.2%	17	12.2%		

サステナビリティ委員会に関するスキル要素
ESG/CSR HSE（品質・安全・環境） Regulatory（規制対応） Governance（ガバナンス）

■共通した傾向
- サステナビリティ委員会を見てみると取締役会全体よりも関連する専門スキルを有した人材を配置する傾向
- ESG/CSRバックグラウンドは米国で25.9%，英国で14.4%と取締役会全体よりも高いが，さらに人材確保が進むと思われる

■米国
- S&P100:98社中33社が設置，平均3.5名で構成（比較的小規模）
- ESG/CSRバックグラウンドは25.9%，周辺スキルはガバナンス，規制対応，HSEの順
  ※規制対応は高水準，ロビイング重視

■英国
- FTSE100:77社中33社が設置，平均4.2名で構成
- ESG/CSRバックグラウンドは14.4%，周辺スキルはガバナンス，規制対応，HSEの順

パーセンテージは当該スキルを保有する人数を取締役総数で除したものである
（出所）日本総研作成　なお，各種数値は各社Proxy statement / Annual Reportなどより日本総研で簡易分析

[図表4－15] 専門スキル確保の代替案（事例）

対処策	内容
外部専門家を活用	取締役会，委員会にアドバイザーとして専門家を招聘する
執行側の委員会を活用	執行側の委員会と合同開催もしくは，アドバイザーとして参加

ステナビリティに関する議題である。日本企業も今後は，自社で行うべき議題や審議事項を検討していく必要がある。

このような流れを考慮すると，取締役会および委員会の構成メンバーには，サステナビリティに関するスキルやノウハウ・経験を有した人材が，相当程度必要となってくる。また，サステナビリティ領域は，現在は環境，特に気候変動対応が中心であるが，人権やフェアトレード，生物多様性など様々な分野があり，これらに対応するには，議論をリードするスキルを有する取締役が必要となる。

しかしながら，現状においてはサステナビリティに関しての意思決定に参加，もしくは監督に対応できるスキルを有した人材は不足しているのが現実である。

図表4－14は，当該スキルを保有する状況を整理したものであるが，サステナビリティ委員会などの設置が進む米国・英国企業においても，当該スキルを有する人材の確保には苦慮していると読み取れる。

これらを勘案すると，日本企業においても，今後サステナビリティのスキルを有する取締役人材の争奪戦が加速し，一定期間は適切な人材を確保できないことが想定されるが，その対応策として先行企業の一部では図表4－15のような対応策を講じている。

なお，サステナビリティ領域については，自己完結ではなく，他分野と複合的な要素が存在する。そのため取締役において議論や意思決定，監督に当たる際に，複数のスキルを持った取締役で多角的に議論することが望ましい。

サステナビリティに関する複合領域（例）
- サスティナブルファイナンス対応（経済・金融・財務・ファイナンス）
- ハードルレートへサステナビリティ要素反映（財務会計・ファイナンス）

- トランジション対応（R&D，生産・技術）
- 人権対応（総務・人事）
- ウェルビーイング，HSE対応（総務・人事）
- フェアトレード（総務・法務・SCM・購買）
- 役職員評価のサステナビリティ要素反映（人事）

(8) ダイバーシティ・インクルージョン

近年における社会変化の要素として，ダイバーシティ・インクルージョンという概念が拡大している。ダイバーシティについては，象徴的な課題として「女性の社会参加」が過去から重要な１つのテーマとして取り上げられ，政策においても近年では「女性活躍」など，様々にその名を変えて，取組が続いている。

一方で，**図表４－16**で示すとおり，先進国の中で管理職に占める女性の割合は低水準である。このような状況を脱するとともに，外国人など，他の要素も

［図表４－16］管理職に占める女性の割合の推移（Ｇ７）

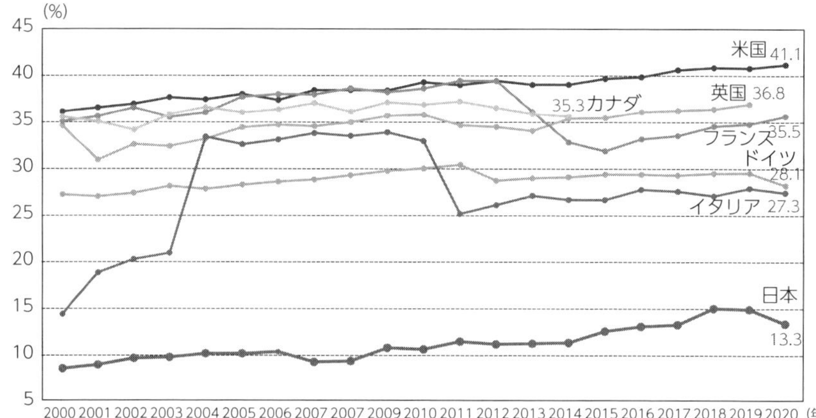

（備考）2010年以降の数値：国際労働機関（International Labour Organization: I. L. O）公表データにより作成。
2009年までの数値：財務省「労働力調査（基本集計）」及び国際連合公表データにより作成。
（出所）内閣府「選択する未来2.0」2021年６月４日

含めたダイバーシティ・インクルージョンが，現在では求められている。

コーポレートガバナンス・コードにおいても，原則２－４において，女性の活躍促進を含む社内の多様性の確保が求められており，さらに補充原則２－４①では，「上場会社は，女性・外国人・中途採用者の管理職への登用等，中核人材の登用等における多様性の確保についての考え方と自主的かつ測定可能な目標を示すとともに，その状況を開示すべきである。また，中長期的な企業価値の向上に向けた人材戦略の重要性に鑑み，多様性の確保に向けた人材育成方針と社内環境整備方針をその実施状況と併せて開示すべきである」とされている。その意味で，取締役会においてダイバーシティ・インクルージョンの推進に関する意思決定や監督の役割を担う取締役が必要になる。

このような文脈であると，必要なスキルは人事や労務，総務に関係するものと想定され，実際の先行開示において，スキル項目を「人事・ダイバーシティ」としている企業も存在する。一方で，仕組の推進と監督という観点とは別に，ダイバーシティ・インクルージョンの当事者という観点では，取締役に女性や外国人を配置するという選択肢も存在する。その場合は，スキル項目ではあるが，実際は属性としての情報を開示することとなる。

ここまでが，日本企業のコーポレートガバナンス改革において，今後重要になると思われるスキルについての説明であるが，スキルとは別に，モニタリングモデルが進んだ場合に，独立社外取締役が過半数になっても，適切に意思決定や監督が可能になる要件として，業界経験・知見を重視する企業が増加すると思われる。実際に，米国・英国においても，スキル・マトリックスにおいて業界経験を項目として採用している企業も多く存在するのである。

現在，日本企業は独立社外取締役の総数が米国・英国企業と比較して少ないため，これらのスキルをカバーするだけの体制をすぐに構築することは困難である。そのため，中長期的かつ段階的な選任計画が必要になってくると思われる。

5 取締役のパフォーマンス発揮のための課題

ここまでは，日本企業のスキル構造を把握したうえで，先行開示状況や近年のトレンドをもとに，今後，必要となりそうなスキルについて説明した。一方で，当然ではあるが，スキルは重要であるが全てではないことも事実である。取締役会がその役割を果たすためには，取締役に求める要件がスキル以外にも存在する。また，個々の取締役が，スキル・マトリックスで示したとおりに，パフォーマンスを発揮するとは限らない。

以下ではこれらの課題と，解決の方向性について説明する。

(1) 取締役の資質

取締役会がその役割を果たすためには，当然ではあるが取締役が適切なスキルやノウハウ・経験を有していることが重要である。そのために，取締役会の役割を明確にしたうえで，適切なスキルを定義し，スキル・マトリックスにより保有スキルの状況を把握することが重要である。一方で，単にスキルやノウハウ・経験を有しているだけで，当該取締役が高いパフォーマンスを発揮するという保証はない。

図表４－17は取締役の要件を整理したものであるが，スキル以外に必要とされる資質について整理している。また，当該資質については，社外取締役ガイドラインにおいても，いくつかの要件が示されている。

社外取締役ガイドライン（第１章より抜粋）

- 社外取締役は，社内のしがらみにとらわれない立場で，中長期的で幅広い多様な視点から，市場や産業構造の変化を踏まえた会社の将来を見据え，会社の持続的成長に向けた経営戦略を考えることを心掛けるべきである（心得２）
- 社外取締役は，業務執行から独立した立場から，経営陣（特に社長・CEO）に対して遠慮せずに発言・行動することを心掛けるべきである（心得３）

[図表4－17] 取締役の要件

取締役の要件			検討項目
【スキル・ノウハウ・経験】 経営全般 グローバル 経営戦略 事業運営 財務・会計 法務・コンプライアンス リスクマネジメント サステナビリティ ・・・業界	×	【スキル以外に必要な資質】 ◆空気を読むことなく，言うべき時ははっきり意見を述べる ◆社内事情，業界の慣行などに対し理解はするが過度に推し量らない ◆必要な情報を自分なりに的確に分析する ◆その必要な情報が何かを具体的に洗い出し，自分で集めたり，スタッフに集めさせる ◆得た情報を会社にとって最良の判断に活用できる	• 取締役会および取締役の役割に応じたスキル要素の整理（監督を中心に整理）と，現行取締役会の状況をマトリックスで把握 ✓業務執行取締役 ✓業務非執行取締役（社内） ✓業務非執行取締役（社外） ※以下は役割 ✓議長，筆頭独立取締役 ✓委員長・委員
外的情報・自己申告で把握可能		外的情報・自己申告で把握困難	• 取締役として監督責任を果たすためのスキル以外の適性項目の抽出 ✓コンピテンシー ✓内的動機 ✓その他，行動特性 ※当該項目の測定・評価については，外形的には把握できないため，何らかの手法を確立させる必要がある

これらを見ると，スキル以外の資質として重要とされるものは，全社的・中長期な視点や，ステークホルダー視点を重視する姿勢，さらには，社内の序列や事情に過度に忖度せず，遠慮なく直言する姿勢などが挙げられる。

これらの資質については，独立社外取締役だけでなく，社内取締役に対しても必要とされるものであり，さらには議長や，のちに述べる筆頭独立社外取締役，各委員の委員長などにおいては，リーダーシップが求められる。

しかしながら，スキルと異なり，これらの資質は外的情報や自己申告では評価することは困難であるため，候補者検討時点はもちろんのこと，各年度終了時点でアセスメントを行うなどの手立てが必要となる。

(2) 独立性の担保

素養と同様に重要なものとして，取締役の独立性がある。特に社外取締役の独立性については，一定の要件があり，この形式的な基準に従い，すでに多くの企業が選任基準に組み入れている。

さらに，「誰が候補者を選任するのか」というプロセスが重要な視点とある。一般的に，CEOなど業務執行取締役は執行体制が候補者を推薦し，指名委員会の諮問を経て候補者が確定するが，その際に，独立社外取締役の候補者についても併せて諮問するのが一般的である。

問題なのは，「独立社外取締役の候補者を誰が選定するのか」ということである。取締役会の監督機能を果たすために，社外取締役の独立性を担保するのは重要であるが，選任プロセスそのものが，経営陣から独立していないと，真の意味で独立性が損なわれる可能性がある。

それでは，現実的として社外取締役はどのように選任されるのであろうか。

［図表4－18］社外取締役候補者の選定主体

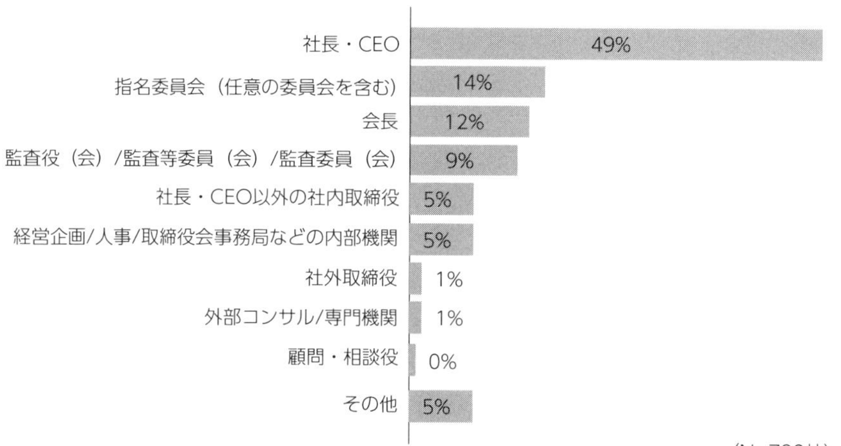

（出所）経済産業省　2020「令和二年度 日本企業のコーポレートガバナンスに関する実態調査報告書」を日本総研で編集

図表４－18は経済産業省が，社外取締役候補者の選定主体について2020年に調査したものであるが，過半数は社長・CEOもしくは会長と，経営陣のネットワークから候補者が選定されている状況である。

現在の日本では十分に社外取締役の人材マーケットが形成されていないことを考慮すると，この状況はやむを得ないと思われるが，それがゆえに，選任プロセスにおいて，前出のスキル・素養と併せて，取締役会において形式的にだけではなく精神的な独立性も維持されうるかを確認する必要がある。

⑶　スキルの事後評価

これまでの説明のとおり，スキル・マトリックスとは，経歴情報や自己申告などを基にして，現在の取締役のスキルやノウハウ・経験を整理したものであるが，取締役会や委員会において，これらのスキルやノウハウ・経験が実際に発揮されたのかは，スキル・マトリックスだけでは判断することができない。

そのため，事後的に取締役のパフォーマンスを評価する手段として，取締役会の実効性評価を活用する動きが今後は増えるであろうと思われる。

取締役会の実効性評価は，コーポレートガバナンス・コードにおいても実施が要求されており（補充原則４－11③），多くの企業においても実効性評価の実施と開示が進められている。経済産業省の調査においても2018年時点においても，９割弱の企業が実効性評価を実施していることからも，企業においてその実施は定着しているものと思われる。

一方で，現段階では，この実効性評価は取締役会そのものの評価に留まっていることが現実である。**図表４－19**は実効性評価から導き出された課題であるが，これを見ると主に，取締役会の議題と運営に関する課題が多くを占めており，取締役個々については，取締役会の構成という項目に留まり，個々の取締役の評価に関する課題はあがっていない。この結果を考慮すると，現段階では，多くの企業において，実効性評価では取締役個別の評価が行われていないと思われる。

［図表４－19］ 実効性評価により抽出された課題

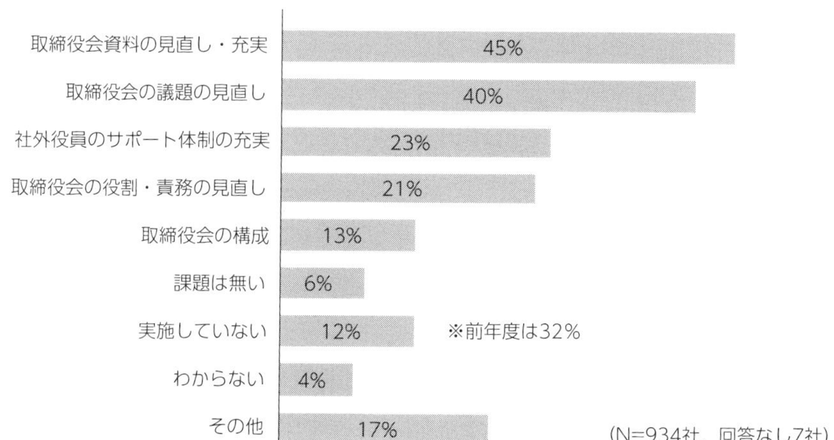

（出所）経済産業省　2018「取締役会の機能向上等に関するコーポレートガバナンス実態調査」を日本総研で編集

また，下記は一般的な実効性評価の事例であるが，ここでも評価項目は，主に取締役会における議題に関する議論と，プロセス，体制に関わるものが多く，取締役個人のパフォーマンスを評価する形にはなっていない。

実効性評価の項目（一般例）

① 取締役会直後に実施する自己評価
- 取締役会の議論内容
- 取締役会の監督機能の発揮度合

② 年度末に実施する年間を通じた自己評価
1．取締役会運営
　1）本年度取締役会運営方針
　2）本年度重点テーマ
　3）重点テーマ以外の審議事項・報告事項
　4）次年度取締役会運営方針および重点テーマ
2．情報共有機会の充実
　1）個別ミーティング
　2）情報共有機会の取り組み
3．諮問委員会
4．その他取締役会全体

③　その他自己評価（新任役員就任時，中期経営計画策定時，コーポレート・ガバナンス体制変更時等の評価）
- 取締役会の規模，構成
- 取締役会の運営状況
- 諮問委員会の運営

一方で，早くからスキル・マトリックスが定着している米国・英国企業においては，実効性評価のプロセスにおいて，個別に取締役のパフォーマンスを評価することが定着している。下記は，米国・英国企業の実効性評価の概要であるが，個々の取締役を評価の対象としているのが分かる。

IBM　実効性評価の概要（Proxy Statement 2019より抜粋）
取締役会は，取締役会議長およびコーポレートガバナンス委員会が主導する取締役会およびその委員会の実効性をレビューするために，毎年自己評価を実施。
- 評価項目は下記のとおり
  - ➢取締役会の構成とパフォーマンス
    - ✧　規模，スキルと経験，取締役の任期　など
  - ➢取締役会と委員会による厳格な意思決定の監督
  - ➢取締役会および委員会の評価プロセスの有効性
  - ➢取締役会とその委員会の全体的な機能
  - ➢会議の進行中に配布される資料
  - ➢取締役会による経営幹部および業務へのアクセス

※議長は，各取締役と個別に，１対１のインタビューを行い取締役のパフォーマンスについての評価を行う

Intercontinental Hotel Group　実効性評価の概要
（Annual Report 2018より抜粋）
1．取締役会のパフォーマンス評価
（評価項目）
- ビジネス環境・戦略にもとづいた取締役会・委員会の構成
- 議題設定，情報共有，時間配分など，取締役会の実施プロセス
- 取締役会の戦略への関与
- 取締役会のメンバー構成，多様性
- 主要委員会の役割と人的構成

2．取締役の業績評価

上記の取締役会評価プロセスに加えて，各取締役の説明責任と実効性を高めるために，全ての取締役の評価が行われた。フィードバックは，インタビューとディスカッションを通じて，ChairmanとSenior Directorによる各取締役の相互評価という形で行われた。また，各取締役により，他の取締役の準備，貢献，強みと，弱点，業界と企業の理解を深めるなど能力開発の機会などについてコメントがなされた。フィードバックの概要は，各取締役に伝達される前に，ChairmanとSenior Directorによってレビューされた。

米国・英国の取締役会は，先述のとおり独立社外取締役が多数を占めるモニタリングモデルであり，適切な監督を行うためには取締役個人のパフォーマンスの評価が重要なポイントとなっている。

それに対して，日本ではマネジメントモデルが主体であり，業務執行取締役の評価は，企業の業績パフォーマンスに連動しており，独立社外取締役の人数も少なかったため，取締役個人の評価については曖昧な状態であったが，近年のコーポレートガバナンス改革においては，モニタリングモデルを意識して，取締役会の監督機能の強化と，それに伴う独立社外取締役の質的，量的な向上が求められる中で，質的な担保という点で，実効性評価においても，取締役個人のスキル・パフォーマンスを事後評価する流れになりつつある。

社外取締役ガイドライン

4　取締役会，指名委員会・報酬委員会の実効性評価

4.3　社外取締役自身の評価を行う

社外取締役は経営の監督者であり，監督者である社外取締役を直接に監督する立場にある者は基本的に存在しないことから，独善に陥るリスクがあることを自覚し，会社の持続的な成長と中長期的な企業価値の向上のために社外取締役自身が十分な貢献ができているか，謙虚な姿勢で自己評価・自省を行い，自律的にPDCAサイクルを回していくことを心掛けるべきである。

こうした観点から，社外取締役は「株主からの付託を受けて，会社の持続的な成長と中長期的な企業価値の向上を図る観点から経営を監督すること」が基本的な役割であることを踏まえ，各社外取締役がこうした役割を十分に果たせているかについて，客観的な評価を受ける仕組みとして，取締役会の実効性評価の機会を活用し，例えば，取締役会議長を務める社外取締役や筆頭社外取締役から，一

> 人一人の社外取締役に対して，評価のフィードバックを行うこと，更に，指名委員会等における社外取締役の指名や再任の検討につなげていくことや，株主総会での再任議案の議決に資するように実効性評価の概要を公表すること等も有意義であると考えられる。

上記は，2020年に公表された社外取締役ガイドラインであるが，日本においてもコーポレートガバナンス改革の進展により，取締役会の監督機能向上が重要なテーマであり，そのためには独立社外取締役のパフォーマンスの発揮が重要になることは言うまでもない。そのパフォーマンスの評価については，期待されたスキルや経験・ノウハウが，取締役会や委員会において発揮されたかということである。それゆえ，今後，スキル・マトリックスと実効性評価は，取締役を事前・事後でそれぞれ評価するための手法として，内容的な整合性が必要になるであろう。

(4)　取締役のトレーニング

コーポレートガバナンス改革において，取締役会がその役割と機能を発揮するためには，各取締役が適切なスキルやノウハウ・経験を有していることが前提であり，その有効な手段として事前にスキル・マトリックス，事後に実効性評価が有効である。

一方で，スキルの評価は固定的ではなく，経営環境とともに常に変化すると思われるが，取締役会の役割と機能の維持・向上はメンバーの入替えだけでは十分ではない。特に，重要なスキルについては，取締役全員が一定程度理解しておく必要があり，その意味で，取締役会の役割，機能の維持向上という観点からは，取締役のトレーニングは重要である。

図表4－20は社外取締役トレーニングに関するアンケート結果であるが，これをみると社外取締役のトレーニングは，個々人の自主性に任されている。なお，本アンケートは社外取締役のみを対象にしているが，業務執行取締役においても同様に，取締役に必要なトレーニングは十分になされていないと思われる。

［図表 4 －20］ 社外取締役のトレーニング方法

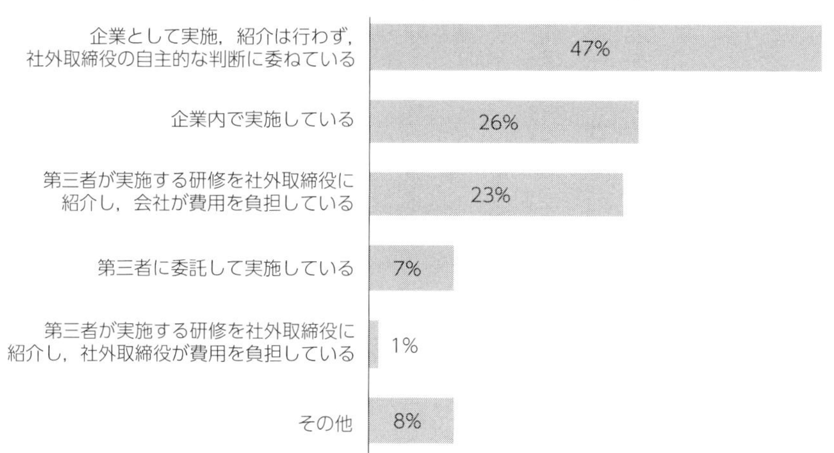

（出所） 経済産業省　2020「令和二年度 日本企業のコーポレートガバナンスに関する実態調査報告書」を日本総研で編集

繰り返しになるが，取締役会の役割と機能向上のためには，個々の取締役のレベルアップが重要であるが，実体としては，個々人の努力と裁量に任されているのが現実である。

今後は，取締役会の機能と役割に応じたトレーニングは，スキル・マトリックスと実効性評価の内容を踏まえつつ，取締役会で主体的に進めることを検討すべきである。

6　まとめ

本Chapterでは，スキル・マトリックスの作成・開示を通じて，現在の日本企業のガバナンス構造や，取締役のスキル構成を再認識するとともに，日本企業の取締役会の機能向上に対する課題を整理した。なお，内容が多岐にわたるため，以下でまとめを行う。

- 日本においても，コーポレートガバナンス改革が進展し，多くの企業において，機関設計の選択を含めた取締役会の役割が議論されている。その中で，会社法の制約はもとより，現状体制，人的リソースなども考慮すると，米国・英国企業のようなモニタリングモデルにスムーズに移行できる状況ではないものの，取締役会の監督機能をどのように強化するかという課題認識は多くの企業が有していると思われる。
- それに従い，取締役の役割についても，「監督」という視点が改めて重視されつつある。なお，「監督」とは，独立社外取締役のみが担うのではなく，業務執行取締役も，一定の役割を担うべきものであるという認識が重要である。
- 日本企業の取締役のスキルは，従来マネジメントモデルが主流であったため，事業軸を中心にスキルが分散傾向にあった。今後，取締役会の役割の変化と，スキル・マトリックスの作成と開示が進む中で，日本企業における取締役会のスキル構造も変化していくと思われる。
- 取締役会の監督機能の発揮に関し，今後重要となるスキルは，「経営全般」，「グローバル」，「財務会計・ファイナンス」，「法務・リスクマネジメント」などが想定される。また，近年の経営環境の変化を勘案すると，「デジタル」や「サステナビリティ」，「ダイバーシティ」が重要な監督対象になるため，これらのスキルが重要となると思われる。
- 一方で，単純にスキルやノウハウ・経験を有するだけで，監督機能が発揮できるとは限らない。スキルやノウハウ・経験とともに，監督者としての資質の見極めも重要である。
- また，スキル・マトリックスの作成・開示で確認しても，実際の監督の場で発揮されるかについては，別途事後評価が必要である。米国・英国では取締役会・委員会の実効性評価で，取締役個人のパフォーマンスが評価されており，今後は日本でもスキル・マトリックスと連携して実効性評価でスキルの事前・事後の評価を行う形になると思われる。
- さらに，必要とされるスキルは変化するため，そのために取締役の入替えが必要になるが，重要と思われるスキル全般に関しては，取締役の底上げが必要である。そのため，取締役会主導でスキルトレーニングを計画的に行う必要がある。

以上が，本Chapterのまとめであるが，ガバナンス力強化には，取締役個人のスキルは非常に重要な要素であるとともに，この重要なスキルを把握する手段であるスキル・マトリックスを通じて，さらなるガバナンス強化を図ることが必要であることが想定される。

次のChapterでは，スキル・マトリックスを通じ，取締役会の機能を持続的に向上させるための仕組について説明する。

Chapter **5**

スキル・マトリックスのさらなる活用

東証市場再編に伴う，コーポレートガバナンス・コード改訂では，取締役会のさらなる機能強化が要請され，さらに，その重要な要素である取締役のスキルやノウハウ・経験の保有状況を示すスキル・マトリックスの作成と開示が要請された。

本書は，このスキル・マトリックスについて解説したものであり，前Chapterまではコーポレートガバナンス改革の経緯も含め，具体的なスキル・マトリックスの作成と開示方法を解説するとともに，スキル分析を通じての日本企業のコーポレートガバナンスの現状と課題を整理した。

さらに，スキル・マトリックスについては，単に取締役の保有スキルの状況を開示するだけにとどまらず，スキルの面からコーポレートガバナンス改革を推進する手段になりうる。

そこで，本Chapterはスキル・マトリックスのさらなる活用方法について説明する。

1 ボード・サクセッションとの関係

コーポレートガバナンス改革の進展により，日本企業においてもモニタリングモデルが意識され，その中で取締役会の重要な役割として監督機能が注目されていることは先述のとおりである。もちろん，**図表5－1**のように，ガバナ

[図表５－１] コーポレートガバナンスの全体像

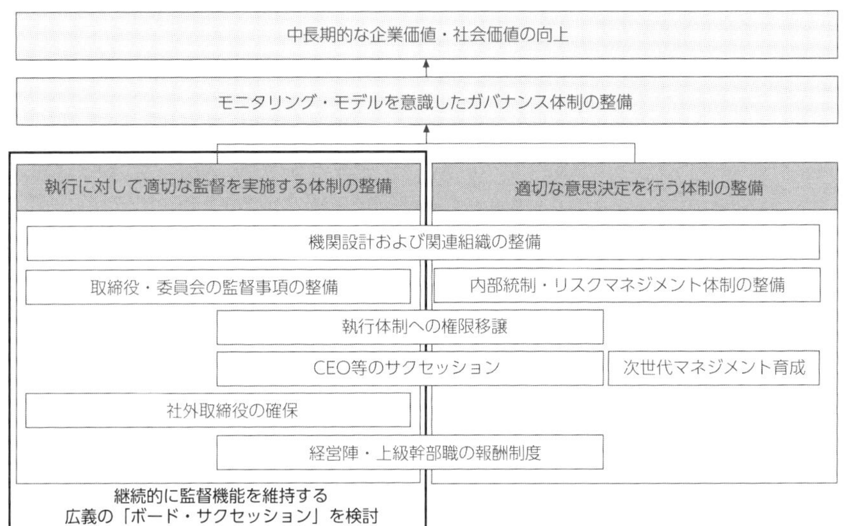

（出所）日本総研作成

ンスは執行と監督の両面での強化が必要であるが，特に，近年のコーポレートガバナンス改革では監督機能により議論が割かれているのが現状である。

今後は，コーポレートガバナンス・コード改訂や，東証上場区分の再編で取締役会の監督機能が重視されるとともに，さらにはサステナビリティ意識の高まり，デジタル社会の進展などで，監督の範囲も拡大するであろう。

さらにコーポレートガバナンスにおいて重要なポイントは，この取締役会の監督機能が，自律的かつ継続的に発揮できる状態を作り出すことである。当然のことではあるが，時間の経過とともに経営環境が変化し，それに対する戦略は変化する。また，現在の経営陣や独立社外取締役についても，中長期的には代替わりして行くであろう。

「ボード・サクセッション」の位置づけ

このような変化においても，取締役会の監督機能は一定の水準を維持する必

［図表5－2］高まる「ボード・サクセッション」の重要性

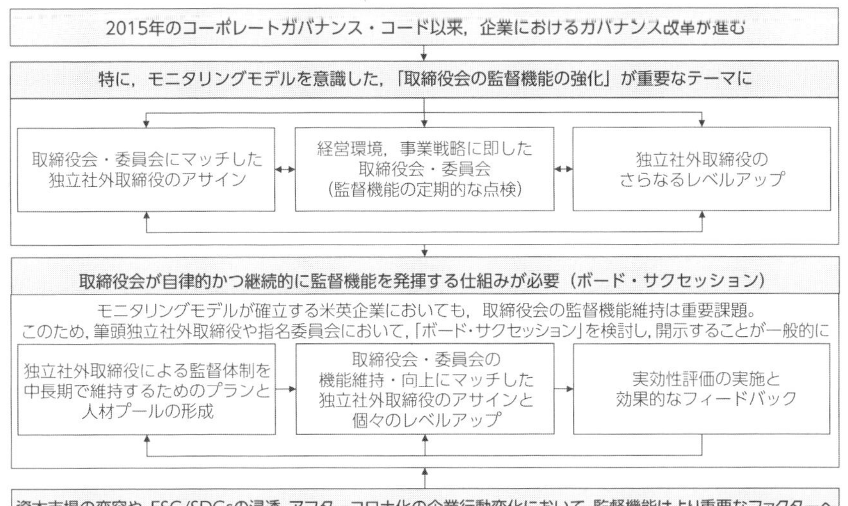

（出所）日本総研作成

要がある。欧米では，既に「ボード・サクセッション」というコンセプトで取組が一般化しつつあるが，日本企業においてもガバナンスの高度化の一環として，取組の必要性が高まるであろう。図表5－2は，この「ボード・サクセッション」の位置づけを整理したものである。

その一方で，現在の日本ではマネジメントモデルからモニタリングモデルに移行途上の企業が多く，取締役会で業務執行に係る意思決定も行う状況である。また，独立社外取締役の人材不足という背景もあり，急速なモニタリングモデルへの移行に二の足を踏む企業も多く存在する。

その意味では，多くの日本企業においては，取締役会の役割は，執行に係る意思決定と監督が混在すると想定される。この特性を勘案し，意思決定と監督のバランスに配慮しつつ，コーポレートガバナンス改革の要諦である監督機能を中長期的に強化するという観点からのボード・サクセッションの在り方を考える必要がある。

このボード・サクセッションを推進するための重要なポイントは，取締役会の構成メンバーの確保にあることは間違いがない。その観点から，本書の主要テーマであるスキル・マトリックスは，単純に現時点での取締役のスキルの状況を開示するだけではなく，ボード・サクセッションの重要な手段であるといえよう。以下では，ボード・サクセッションの基本プロセスを説明する中で，スキル・マトリックスをどのように位置づけ，活用するかを説明する。

ボード・サクセッションの基本プロセス

図表５－３はボード・サクセッションの基本的なプロセスを整理したものである。繰り返しになるが，ボード・サクセッションとは，コーポレートガバナ

［図表５－３］ボード・サクセッションの基本プロセス

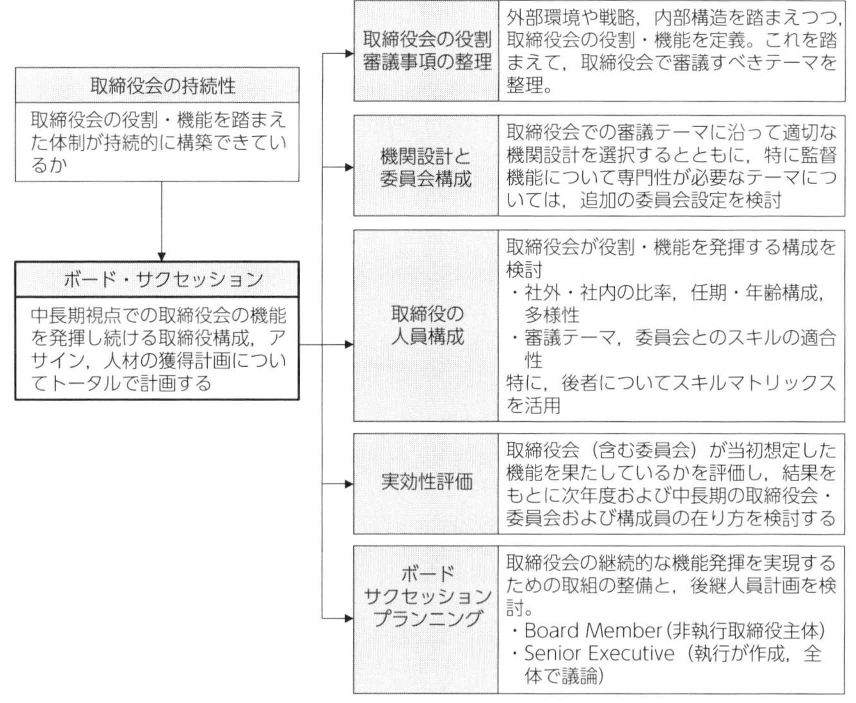

（出所）日本総研作成

ンスの要である取締役会がその役割を持続的に発揮しうるための取組であるため，まずは自社の取締役会についてモニタリングモデルへの移行程度も含めて，その役割・機能の在り方を議論し，取締役会で審議すべき事項を明確にすることから始まる。そのうえで，適切に取締役会で審議できる体制，具体的には会社機関の選択に加え，より深く審議を要する分野について委員会を設置するかについて検討する。これら一連の検討で，取締役会・委員会の体制と，それぞれの議題が明確になると，取締役会のメンバー構成の在り方と，委員会のメンバーの割り振りを検討することとなる。特に，メンバー構成の在り方については，審議事項に対応できるスキルやノウハウ・能力に加え，年齢や在任期間，多様性などを考慮することとなる。

なお，ここまでのプロセスは，前Chapterまでで説明したスキル・マトリックスの作成と，基本的には同じプロセスである。このことからも，スキル・マトリックスは，ボード・サクセッションに組み込まれた重要なプロセスであることが理解できる。

さらに，取締役会の構成を検討する中で，スキルが十分にカバーできていない分野はどこか，またその対策をどのように講じるかを議論するとともに，メンバー構成の変化を踏まえて，今後，脆弱性が顕在化しうるスキルがどこかを特定し，中長期での対応策を検討することが重要であり，議論に際してはスキル・マトリックスが重要な資料となる。

つまり，スキル・マトリックスは単に取締役が保有するスキルを調査し，開示するための手段としてだけではなく，取締役会・委員会のスキル構造を整理することにより，取締役会の機能強化と課題を明確にするツールであるといえよう。

取締役会の役割と議題の明確化，最適な会社機関の選択と委員会の設置，さらにはスキル・マトリックスを活用した取締役の選任というプロセスが実施された後に，行われるのが実効性評価である。

図表５－４はボード・サクセッションと実効性評価の関係性を整理しつつ，そのプロセスを示したものであるが，前Chapterでも説明したとおり実効性評

［図表５－４］ボード・サクセッションにおける実効性評価

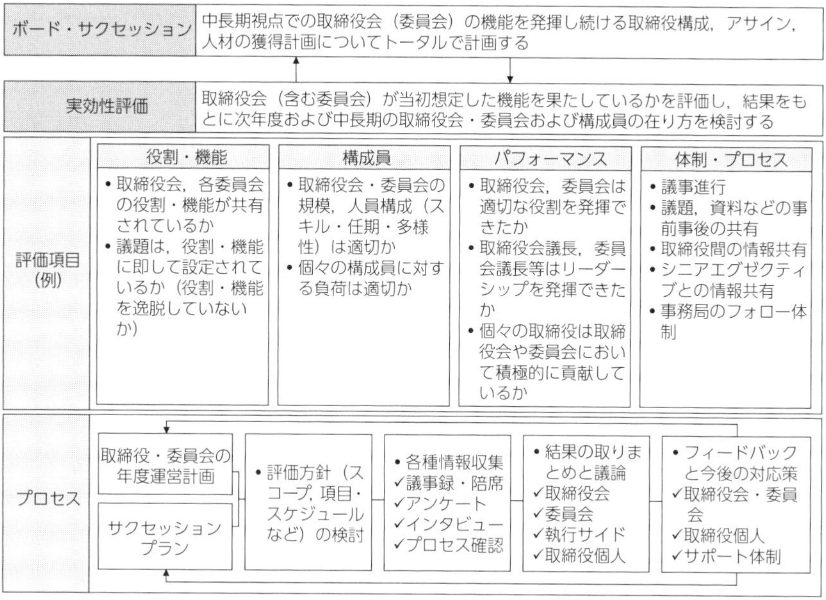

ボード・サクセッション	中長期視点での取締役会（委員会）の機能を発揮し続ける取締役構成，アサイン，人材の獲得計画についてトータルで計画する			
実効性評価	取締役会（含む委員会）が当初想定した機能を果たしているかを評価し，結果をもとに次年度および中長期の取締役会・委員会および構成員の在り方を検討する			
評価項目（例）	役割・機能 • 取締役会，各委員会の役割・機能が共有されているか • 議題は，役割・機能に即して設定されているか（役割・機能を逸脱していないか）	構成員 • 取締役会・委員会の規模，人員構成（スキル・任期・多様性）は適切か • 個々の構成員に対する負荷は適切か	パフォーマンス • 取締役会，委員会は適切な役割を発揮できたか • 取締役会議長，委員会議長等はリーダーシップを発揮できたか • 個々の取締役は取締役会や委員会において積極的に貢献しているか	体制・プロセス • 議事進行 • 議題，資料などの事前事後の共有 • 取締役間の情報共有 • シニアエグゼクティブとの情報共有 • 事務局のフォロー体制

プロセス					
	取締役・委員会の年度運営計画 サクセッションプラン	• 評価方針（スコープ，項目・スケジュールなど）の検討	• 各種情報収集 ✓議事録・陪席 ✓アンケート ✓インタビュー ✓プロセス確認	• 結果の取りまとめと議論 ✓取締役会 ✓委員会 ✓執行サイド ✓取締役個人	• フィードバックと今後の対応策 ✓取締役会・委員会 ✓取締役個人 ✓サポート体制

（出所）日本総研作成

価は，個々の取締役の評価という観点から，スキル・マトリックスと密接に連動すべきものである。

具体的には実効性評価では，各取締役に対してどの程度パフォーマンスが発揮できたかを評価するが，その中で，保有しているスキルについても，どの程度活かされているか，また，保有しているスキルは現実に即して適切にアップデートされているかなどを評価する。

さらに，取締役会全体として，スキル・マトリックス策定時に議論した取締役会全体でのスキルの充足度合と課題，および対処方法が適切であったかを検証し，現在および今後において強化すべきスキルを特定する。この検討内容が後に述べる，後継者計画を通じて取締役会の機能維持・強化へと結びつくのである。

ボード・サクセッションプランニング

これらのステップを受けて，最終的にボード・サクセッションプランニングを検討する。ボード・サクセッションプランニングとは，取締役会の在り方についてのレビューを行うと同時に，実効性評価の結果も踏まえて，自社のガバナンス体制について，中長期でどのような手立てを打つべきかを検討するものである。

ボード・サクセッションプランニングの具体的な内容は，上記の課題を踏まえた取締役会・委員会の役割・機能の強化と脆弱性のある部分への対応方針，それを受けた会社機関の選択と委員会の見直しと，そこでの議題であり，最終的にこの議題に対して適切に対応できるスキルを持った後継者をどのように確保するかという取締役のサクセッションプランの検討へとつながっていくのである。

以上が，取締役会の持続的な機能維持と向上を図るためのボード・サクセッションの推進プロセスである。当然ではあるが，ボード・サクセッションは中長期視点に立つ取組であるため，推進ステップは毎年実施していくものであり，また，このプロセスそのものを開示することもガバナンス上の重要なポイントであるといえよう。

2　スキル・マトリックスを２つの後継者計画に活用する

前項では，取締役会の持続的な機能発揮を実現するための施策としてのボード・サクセッションという取組について，具体的な推進ステップを交えて紹介した。中でも，ボード・サクセッションの根幹は，構成員である取締役が，取締役会が担うべき役割にマッチしたスキルを有しているかということにあり，その意味でも，スキル・マトリックスはボード・サクセッションの中でも重要なツールである。繰り返しになるが，スキル・マトリックスは，現状認識と外部への開示の手段だけではなく，中長期視点での後継者計画にも活用することができる。

以下では，スキル・マトリックスの活用を意識しつつ，後継者計画の在り方について解説する。

後継者計画の位置づけ

まずは，ボード・サクセッションにおける後継者計画（サクセッションプラン）の位置づけについて説明する。一般的に，後継者計画というと，日本ではCEO等の後継者計画（**図表5－5**の右側）であるとの認識が強い。実際にコーポレートガバナンス・コードにおいてもCEO等の後継者計画については，取締役会の監督の対象とされており（補充原則4－1③），具体的には経営陣から提示された後継者計画について，（任意も含めた）指名委員会等で審議されるべきものとされている。

さらに，CEO等の後継者計画の具体的な進め方については，CGSガイドライン（別紙4）において詳細に示されている。2017年の東証の調査においても，CEO等の後継者計画については9割弱の企業においては，取締役会の監督の

［図表5－5］ボード・サクセッションにおける後継者計画

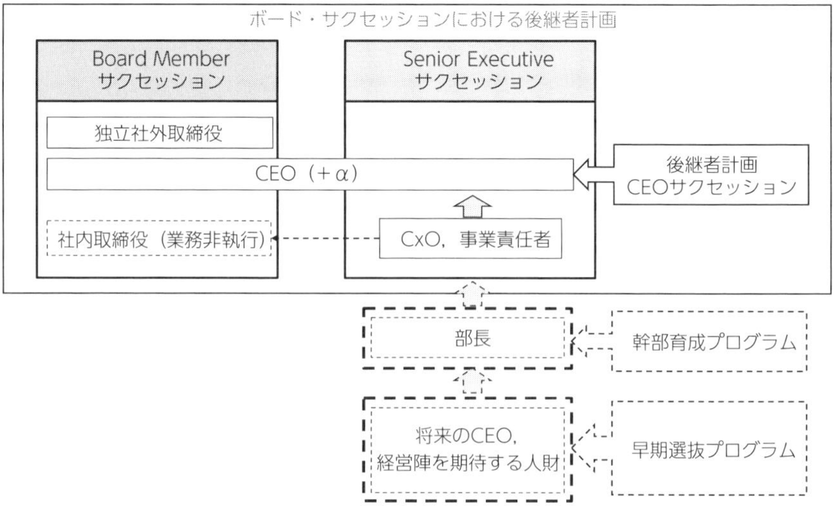

（出所）日本総研作成

対象として議論されているとされており，一定の取組はなされていると思われる。

なお，CEO等の後継者計画であるが，経営者等の執行サイドが原案を提示し，取締役会や指名委員会等で監督することが，一般的であるが，取締役会において，CEO等の解任がなされた際には，コンティンジェンシーとして，独立社外取締役が主体的に関与することも想定される（社外取締役ガイドライン３．１）。

独立社外取締役の後継者計画

一方で，取締役メンバー全体という観点での後継者計画という観点では，特に独立社外取締役についての後継者計画は，多くの企業で検討されていない状況であると思われる。

その背景としては，独立社外取締役が不足している現状では後継者計画を論じる状況にないこと，また**図表５－６**で示すとおり，2020年の時点では独立社外取締役の多くが就任から５年以内のため，後継者計画の検討の必要性が多くの企業で現実的な課題として認識されていないと想定される。

しかしながら，独立社外取締役の平均年齢は67.1歳（日本総研2019年度調査，社外取締役＋社外監査役）であり，多くの企業では社外取締役の交代時期についても６～８年を目安としていることから，人材確保が厳しくなりつつある中で，中長期の取締役会の構成をもとに，適切な独立社外取締役の候補者選定について検討する時期が到来していると思われる。

検討に際しては，退任予定取締役が有しているスキルの補填に加え，現在の取締役会における不足するスキルの底上げや，今後重要となるスキルの獲得などを検討する必要があるが，そのための効果的な手段としてスキル・マトリックスの活用が想定される。

さらに，取締役会の監督機能を強化するため，独立社外取締役を取締役会議長とすることや，筆頭独立社外取締役を選任することも有効な策であると考えられる。また，各種委員会の委員長についても独立社外取締役が就任するのが

［図表５－６］社外取締役の在任期間

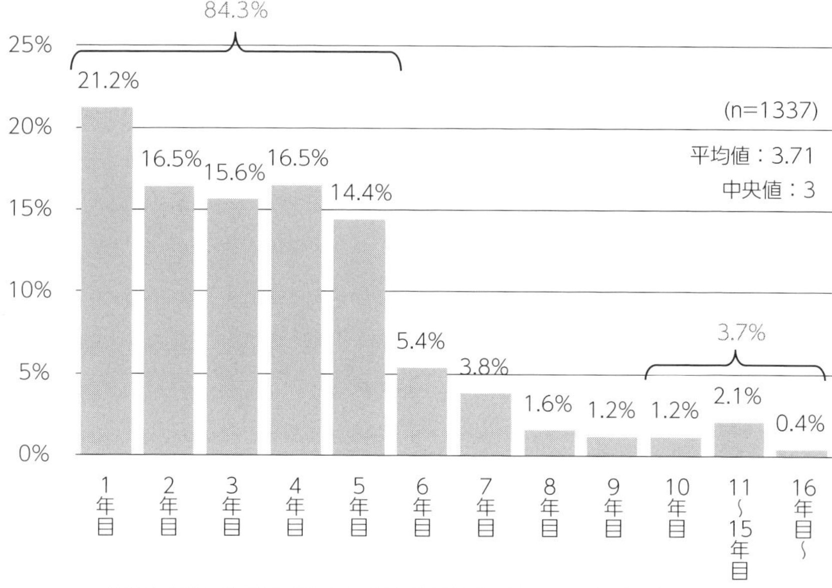

（出所）経済産業所CGS研究会「社外取締役ガイドライン（取締役会アンケート）」2020

一般的になりつつある。これらの任に叶う人材の後継者計画も必要となる。

このような状況の中，社外取締役についての後継者計画についても，その重要性が認識されつつある。実際に，社外取締役ガイドラインにおいては，取締役会における社外取締役の構成や，中長期のサクセッションプランについて，踏み込んだ言及となっている。

社外取締役会ガイドライン

4.4　社外取締役の構成やサクセッションプランを考える

取締役会の実効性評価の結果（社外取締役自身の評価を含む）や会社が置かれた状況（経営戦略上の重点課題等）を踏まえ，取締役会・社外取締役を集合体（チーム）として捉え，様々な資質や背景を有する人材を組み合わせて全体として必要な資質・背景を備えさせる観点から，指名委員会が中心となり，社外取締役の人材ポートフォリオの在り方を検討し，一定の任期で新陳代謝を図っていく必要があることも踏まえつつ，中長期的な時間軸で適切な構成を維持・確保するためのサクセッションプラン（後継者計画）について，社外取締役自身が主体的に考えていくことも重要である。
その際，スキル・マトリックスを作成して確認する等により，性別や国籍の多様性にとどまらず，専門分野やバックグラウンド（出身）の多様性も考慮し，会社が目指している取締役会の在り方を踏まえて社外取締役全体として必要なスキルセットが確保されるよう，配慮することが重要である。

なお，これらの社外取締役の後継者計画を作成しただけでは，十分とは言えない。なぜなら，これらの後継者計画において候補になりうる人材については，，昨今の社外取締役の候補者の争奪戦もあって不足していること，また後継者計画の策定時期と，候補者に対して就任を依頼するタイミングが，必ずしも合致しないからである。

これに対して，米国や英国においては，**図表５－７**のように，独立社外取締役を幾つかのグループに分けて，計画的に入替えを行う企業が多く，日本でも独立社外取締役の比率が増加した場合は，このような対応を取る企業が増加すると思われる。

［図表５－７］独立社外取締役の任期管理の事例

（例）指名委員となる社外取締役の任期を最長６年とした場合
任期に基づき，指名委員をＡ及びＢ群に分割

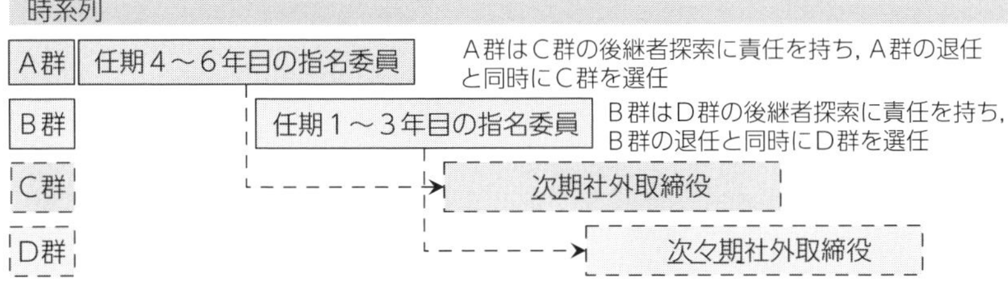

✓ 「自身が探し選んだ後任者の活躍」＝「サクセッションの成果」である
✓ 上記でいえば，Ａ群の後継者探索の成果は，Ｃ群の社外取締役の任期末となる
✓ 例えば，Ａ群の指名委員に対して，Ｃ群の社外取締役の任期末（Ａ群が退任してから６年後）の株価に連動する報酬を設定すれば，後継者計画策定・推進の動機づけになる

（出所）日本総研作成

独立社外取締役の「候補者人材プール」

いずれにしても，今後は，スキル・マトリックス等を活用し，中長期的視点で取締役会の役割・機能を発揮し得るスキルやノウハウ・経験を有した独立社外取締役を確保する後継者計画が必要になると思われ，その候補者について一定数を確保する，所謂「候補者人材プール」の形成が必要になる。

一方で，「候補者人材プール」の形成にあたっては，選任プロセスの独立性を担保するために，従来日本では一般的であったCEOを始めとした経営陣のネットワークに拠ることが困難になりつつある。したがって，独立社外取締役が有するネットワークの掘り起しや，外部エージェントを活用しての「候補人材プール」が必要となる。

なお，スキル不足が解消されない期間が当然想定されるが，その場合は不足スキルの部分について，在任取締役のトレーニングによるスキル底上げや，外部アドバイザリーによるスキル補完，さらには業務非執行の社内取締役の活用などの対応策を検討する必要がある。

3 サクセッションプランと経営幹部育成の連動

前項までは，コーポレートガバナンス改革での重要なポイントである取締役会の監督機能の強化について，その水準を維持，向上させるためのコンセプトであるボード・サクセッションを解説した。

また，ボード・サクセッションの推進プロセスとして，取締役会の重要な要素である人員構成や個々の取締役に関するスキルや経験・ノウハウを検証する手段であるスキル・マトリックスと，これらを事後評価する実効性評価の仕組を通じて，適切な取締役の後継者計画の在り方を説明した。

一方で，コーポレートガバナンスを真に強化するためには，監督サイドだけではなく，執行サイドの強化も必至である。過去に，コーポレートガバナンスの優等生と呼ばれた企業が深刻なガバナンス不全を露呈したケースが多々あるが，その多くは監督サイドのガバナンス整備は進んではいたものの，肝心の執行サイドのガバナンス整備が十分に整備していなかったという共通点が存在する。

図表5－8ではコーポレートガバナンスの構造を再度掲示したが，ここでは特に執行体制の整備について説明する。日本企業においては，今後はモニタリングモデルに移行することが想定されるが，そのなかで業務執行の多くが権限移譲され，それに伴い内部統制やリスクマネジメントの充実が必要になる。

この中で，経営陣を中心とする執行幹部が適切に業務を運営することが重要であることから，適切な経営幹部の育成と人材が必要になる。

そこで，近年ではコーポレートガバナンス改革において，一般的になりつつある後継者計画の範囲をCEOから執行役員などの幹部まで拡大するとともに，**図表5－9**のように，次世代を担う幹部候補生の育成プログラムと連動させる企業も見られる。

一般的に日本企業においては内部昇格が中心であるため，次世代幹部候補者

［図表5－8］ガバナンス改革における執行体制の整備

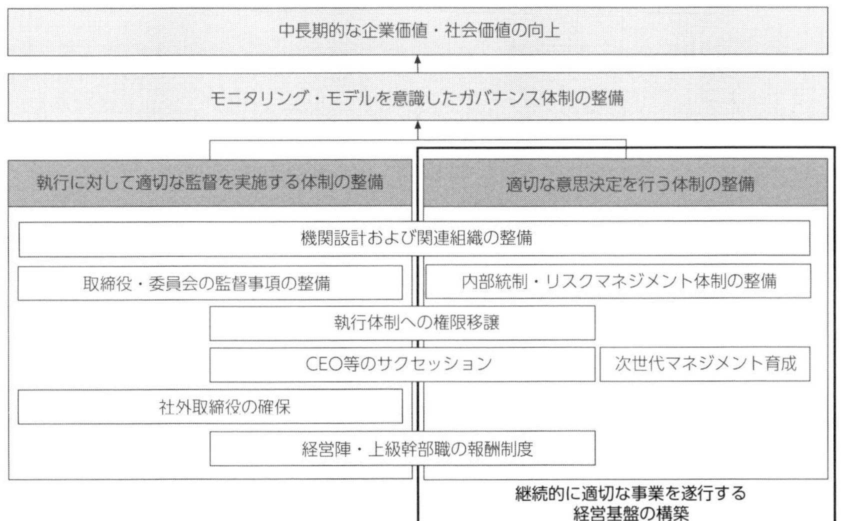

（出所）日本総研作成

［図表５－９］後継者計画と経営幹部育成の連動へ

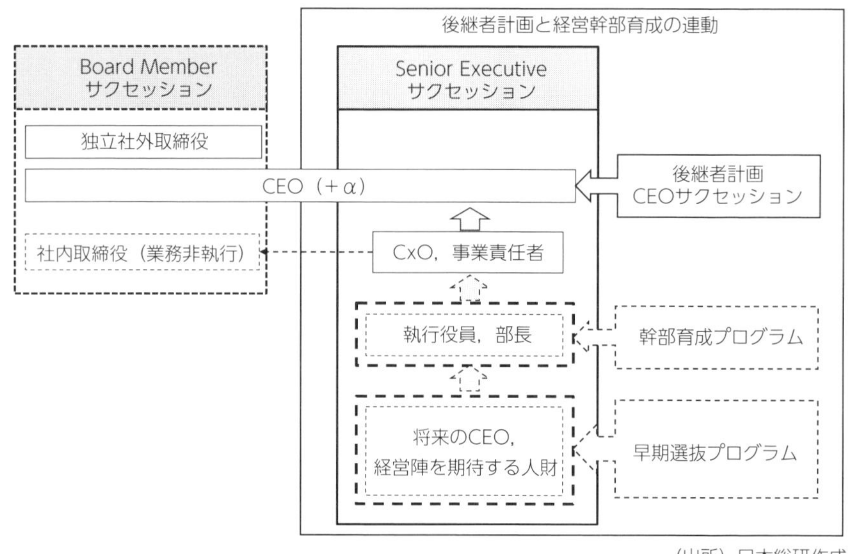

（出所）日本総研作成

を起点にして，段階的な選抜を行う方法が一般的である。しかしながら，多くの日本企業の育成システムでは上級管理職，もしくは執行役員クラスまでで完結してしまい，CEO等の後継者計画とは連動していない。

日本企業の場合は，マネジメントモデルからモニタリングモデルへの移行期で，執行サイドから一定数の取締役が選任されることを考えると，業務執行取締役も，取締役会において，自己の担当領域以外に対しては，独立社外取締役と同程度の監督責任を負うべきものである。そのため，上記の育成システムの場合，取締役が担う監督という役割の重要性が，執行幹部に浸透しないという問題点が存在する。

また，選抜の過程では，現状の業務実績が中心になりがちであり，その結果として，中長期的に取締役会の役割である業務執行の意思決定や執行に必要なスキルが不足する，また会社全体として将来の候補者群の保有スキルにばらつきが生じるというリスクが発生する可能性がある。

このようなリスクを回避し，将来のCEOや経営幹部候補者に対して，適切なスキルを中長期視点で取得させ，また昇格候補者をスキル面で公平に査定するため，スキル・マトリックスを活用することが考えられる。

図表5－10は後継者計画と経営幹部育成の連動を，スキル・マトリックスの活用をイメージして模式化したものである。通常の経営幹部育成においては，事業執行が主体になるため，主に事業軸のスキルに目が行きがちであるが，スキル・マトリックスの活用によって，機能軸を中心とした監督のスキル養成にも対応する。さらには，次世代経営幹部の選抜の段階から，どのようなスキルが要求されるかを明確にすることで，中長期視点でのスキルの底上げを目指すことが可能になる。

もちろん，スキル・マトリックスの活用でスキルの保有状況を「見える化」し，個人に対してはスキルのトレーニングを要請することで，会社全体として

［図表5－10］スキル・マトリックスの活用

必要スキル項目 →

対象者のカテゴリー ↓

カテゴリー	氏名	経営・事業軸のスキル			機能軸のスキル			
		スキルA	スキルB	スキルC	スキルD	スキルE	スキルF	・・・
取締役会メンバー	A	あるべきスキル構造に対してのギャップの把握と課題分析						
	B							
	C							
	D							
経営会議メンバー	E	スキル面からの昇格候補者の順位付け 取締役会メンバーへの昇格に向けてのスキル強化（個人）						
	F							
	G							
	H							
次世代経営幹部	I	スキル面からの昇格候補者の順位付け 将来の取締役会メンバーとして必要なスキル強化（個人）						
	J							
	K							
	L							
	M							

（出所）日本総研作成

最適と思われる経営幹部のスキルバランスを促すことが可能ではあるが，具体的にスキル強化のためのトレーニングプログラム等を提供する必要がある。特に，CEO等の候補者に対しては高度な経営意思決定や業務執行の意思決定に関するスキルをどのように取得させるかは重要な検討事項である一方で，社内取締役であっても監督責任を担うため，必要なスキルやノウハウをどのように取得するかについても検討が必要である。

4　ガバナンス体制の再構築

ここまでは，スキル・マトリックスの作成・開示の実務を説明するとともに，今後のコーポレートガバナンス改革の重要なコンセプトであるボード・サクセッションとの関係性を説明し，さらにはスキル・マトリックスの後継者計画や経営幹部育成などへの活用方法について説明してきた。

スキル・マトリックス対応の体制

先述のとおり，スキル・マトリックスの作成・開示は，単なるコーポレートガバナンス・コード対応ではない。作成や開示のプロセスにおいて，取締役本人からの意見を聴取することや，取締役会，指名委員会等で議論を行うことで，現在および今後の取締役会の在り方をスキル面から問うことのできる，重要なコーポレートガバナンス改革のツールといえよう。

一方で，スキル・マトリックスをコーポレートガバナンス改革の重要なツールと捉えた場合，その実務は企業サイドのスタッフが行うものであるが，誰が，スキル・マトリックスの作成・開示，活用を主導するのかについては議論する必要がある。

その理由として，スキル・マトリックスは，単に作成・開示するだけではなく，前提条件として取締役会の議題の在り方や，会社機関の選択や委員会の設置を議論する必要があり，さらには作成・開示を通じて自社のガバナンスの課題を議論することが，ガバナンス改革に寄与するため，一定の中立性や，経営からの独立性が必要であるからである。

特に，スキル・マトリックスの作成・開示，および実効性評価で行われる取締役個々のスキルの評価，さらには後継者計画の議論については，特にその対象者が主として独立社外取締役の場合は，経営からの一層の独立性が求められる。それを考えると，スキル・マトリックスに関する一連の活動は，独立社外取締役が主導すべきである。

さらには，スキル・マトリックスの作成・開示プロセスは，前述のとおり取締役会の役割・機能を継続的に維持・向上させるボード・サクセッションのプロセスに重なる。近年のモニタリングモデルを意識したコーポレートガバナンス改革の趨勢を考慮すると，スキル・マトリックスを包含したボード・サクセッションの一連の取組は，**図表5－11**のように「独立社外取締役の自治」に根差すべきものと考えられる。

［図表5－11］ボード・サクセッションの実施主体

（出所）日本総研作成

ただし，「独立社外取締役による取締役会の自治」を行うためには，独立社外取締役の取りまとめ役の存在と，議論を行い意見集約する場が不可欠である。

まず，独立社外取締役の取りまとめ役については，スキル・マトリックス作成や開示，実効性評価などでは，個人の評価に関与にすることを考えると，単純な取りまとめ役ではなく，一定のリーダーシップが求められる。このため，この役割を果たす立場として，独立社外取締役である取締役会議長もしくは，筆頭独立社外取締役が想定されるが，社外取締役ガイドライン４．４において「社外取締役の構成やサクセッションを考える」ことに際し，取締役会の強化策の一方策として紹介されている。

どこでボード・サクセッションを議論すべきか

次に，スキル・マトリックスを含めたボード・サクセッションを議論する場をどこに置くかについて考察する。一般的に，スキル・マトリックスは取締役候補者の指名に際して作成・開示するものであるため，指名委員会での議論が妥当であるが，スキルも含めた取締役のパフォーマンス評価としての実効性評価，さらにはこれらを踏まえた後継者計画の討議までがセットであり，さらにスキル・マトリックス検討の前提条件である取締役会のあるべき役割を踏まえた議題の在り方まで議論の範囲に加えると，指名委員会での議論の域を超えてしまう。

そこで，近年では，これらの議論を統合した「ガバナンス委員会」を別途設置するか，指名委員会のスコープを拡大し，「指名・ガバナンス委員会」という形式に改めるという選択肢が存在する。

なお，米国・英国において，特に米国では指名委員会（Nomination Committee）とせず，指名・ガバナンス委員会（Nomination and Governance Committee）もしくはガバナンス委員会（Governance Committee）という形態で，筆頭独立取締役が当該委員会の委員長を兼務する形が一般的であり，報酬委員会とは分離されていることが一般的である。

それぞれの委員会の役割であるが，指名・ガバナンス委員会が，独立社外取締役を中心とした取締役会や各委員会の中長期的な監督機能の発揮と維持に主眼が置かれていることに対し，報酬委員会は経営陣および経営幹部が，成果に対して享受しうる株式報酬等のインセンティブを含む報酬の正当性を確認することに主眼が置かれている。図表５－12が示すとおり，２つの委員会はスコープが異なっているため，メンバー構成も変えて分離されているのである。

一方，日本企業においては，指名と報酬については１つの委員会に統合されていることが一般的である。この背景としては，日本企業においては取締役会の多くを占める業務執行取締役について，指名と報酬，後継者計画を一体で審

［図表５－12］指名委員会・報酬委員会のスコープ（米国企業）

<table>
<tr><td></td><td>Independent Director</td><td>CEO</td><td>Executive Officer (CFO, COO, CxO)</td><td>Senior Executive</td></tr>
<tr><td></td><td colspan="2">Directors of the Board</td><td colspan="2"></td></tr>
<tr><td></td><td></td><td colspan="3">Leadership Team</td></tr>
<tr><td>構造
(Structure)</td><td rowspan="4">Nomination/Governance Committeeで議論

取締役会による監督の実効性を担保・維持するため，指名と後継計画が重要なスコープ。
また，実効性という観点で評価</td><td colspan="3">(CEOに執行体制は委譲されている)</td></tr>
<tr><td>指名
(Nomination)</td><td rowspan="2">Nomination/Governance Committeeで議論
取締役会の監督となる重要テーマはCEOの選解任であるため指名と後継者計画がスコープ</td><td colspan="2" rowspan="2">(CEOに指名権限は委譲されている)</td></tr>
<tr><td>後継計画
(Succession Planning)</td></tr>
<tr><td>評価
(Evaluation)</td><td colspan="3" rowspan="2">Compensation Committeeで議論

インセンティブを含めると報酬額が高額な上に，
株式報酬が含まれるために
議論のスコープは執行サイドに重きが置かれる</td></tr>
<tr><td>報酬
(Compensation/Remuneration)</td><td>(会社によって異なる)</td></tr>
</table>

（出所）日本総研作成

議した方が効率的である一方で，独立社外取締役については，指名や報酬，後継者計画については，その必要性が十分に認識されてこなかったことにある。

今後，日本企業においてもコーポレートガバナンス改革が進み，独立社外取締役を中心としたモニタリングモデルに移行した場合，取締役会が持続的に監督機能を発揮するために，指名委員会の機能強化が重要なポイントとなる。

特に，取締役会の議題や会社機関の選択，さらに委員会の設置と取締役のアサインなども審議の対象になるため，従来の指名委員会から，米国企業でみられる「指名・ガバナンス委員会」もしくは「ガバナンス委員会」のような名称だけでなく，位置づけや役割の再定義が必要になるであろう。

ボード・サクセッション推進に向けての課題

いずれにしてもモニタリングモデルが進むと，スキル・マトリックスも含めて一連のボード・サクセッションのプロセスを，独立社外取締役が主体となって進める必要がある。

これが，所謂「独立社外取締役の自治」であるが，日本企業においては実現に向けて，当事者である独立社外取締役と企業のそれぞれに課題が存在する。

① 独立社外取締役サイドの課題

独立社外取締役サイドの課題としてまず挙げられるのは，モニタリングモデルに対する理解度が高いとは言えないことである。

図表５－13は2020年度の社外取締役の意識調査であるが，社外取締役が期待されている役割の認識について，経営の監督であるとの回答が５割以下にとどまっている。

この結果から，独立社外取締役とは「経営陣から独立した監督の役割を担う」という意識が希薄であるため，企業の経営環境に応じて行うべき監督に対して必要とされるスキルを確保し，定期的にアップデートするという行動に十分に結びついていないと想定される。さらに，独立社外取締役は「他者から評価される」ことを心理的に避ける傾向にあり，スキル・マトリックスや実効性

[図表5－13] 社外取締役の役割認識

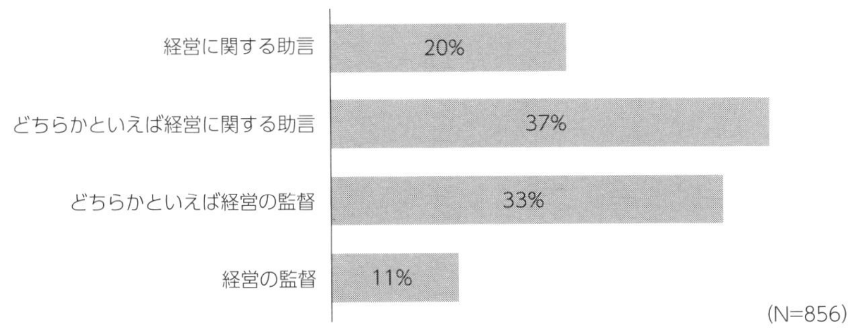

（出所）経済産業省　2020「令和二年度日本企業のコーポレートガバナンスに関する実態調査報告書」を日本総研で編集

評価について抵抗感があることも事実である。

これらの課題の解決のためには，独立社外取締役の監督機能発揮について，マインドセットを主導しつつ，スキル・マトリックスや実効性評価などの独立社外取締役を評価しスキル向上を進める旗振り役となりうる，例えば，独立社外取締役である取締役会議長，もしくは筆頭独立社外取締役の存在が不可欠であるが，その重要性は独立社外取締役の間でも十分に理解されておらず，また独立社外取締役の間に一種の階層構造をつくることに対する抵抗も存在する。

さらに，実際にそのような役割を置くとしても，通常の独立社外取締役と比較すると負荷が高いため，就任に対して消極的であることも事実である。

②　企業サイドの課題

一方で企業側のサポート体制にも課題がある。独立社外取締役が経営陣から独立した立場でその役割を果たすためには，経営に関する一定の情報を入手できることが前提条件であるが，多くの企業では十分な質・量の情報を確保できていないのが実情である。独立社外取締役は非常勤であるため出社の機会が平時でも限られているが，特に昨今のコロナ禍のため，直接的なアクセスがより限定されている。また，社外からのシステムのアクセスなどもセキュリティの関係から限定している企業も多い。

DXの進展やリモートワークの拡大など，社会環境が変化している中，取締役会の運営についても，変化に対応する流れが避けられないが，その中で情報アクセスの改善も求められる。

情報のアクセスについては，書類やデジタルデーターだけでなく，社内の関係者へのヒアリング，現場往査などが想定されるが，これらの情報アクセスに不可欠なのは支援スタッフである。これら支援スタッフの機能としては，情報収集の支援だけでなく，さらには独立社外取締役の横の連携の支援なども含まれ，さらにはスキル・マトリックスや実効性評価の実務対応，各種調査に必要な専門家の確保などが想定される。

これらの支援スタッフの人材要件であるが，単純に経営陣や会社との連絡役ではなく，経営全般に関する理解度と，社内外への情報アクセス可能な人脈の保有，さらには運営に必要な経費等の予算の確保と執行権限を有することなどが挙げられる。これらのサポート体制の在り方については，社外取締役ガイドラインにおいても重要な事項として触れられているので参照願いたい。

社外取締役ガイドライン

第3章　会社側が構築すべきサポート体制・環境

1　社外取締役の情報提供に関するサポート体制・環境

1.1　社内の情報にアクセスできる環境の整備

1.2　取締役会の運営・支援の役割を担う取締役会事務局の機能強化

1.3　取締役会の事前説明及び資料の早期提供

2　外部の専門家を利用する費用面のサポート

これらの独立社外取締役のサポートに関しては，現状では，多くの日本企業においては総務部門や秘書部門で対応しているが，一連のコーポレートガバナンス改革により，モニタリングモデルへの移行が進み，取締役会が「独立社外取締役の自治」で運営されるようになると，執行から独立した立場で活動をサポートする部門が必要になる。

現に，モニタリングモデルが進む米国や英国では，**図表５－14**のようにコーポレートセクレタリー（米国での名称，英国ではカンパニーセクレタリー）という形で，上級管理職を中心とした組織でサポートしている。

これらを勘案すると，日本企業においても，モニタリングモデルへの移行を意識するのであれば，人員と予算配分も含めて，具体的なサポート部門の在り方を検討すべきである。

［図表５－14］サポート組織の概要

カンパニー・セクレタリーの主要業務	英国企業・米国企業等	日本企業 （代表的な所管部門）
• 取締役会，委員会の意思決定，企画運営サポート（アドバイザー） • 取締役会，委員会の運営管理・議事録管理（アドミニストレーター）	カンパニーセクレタリーが一元的に対応（米国：コーポレートセクレタリー）	• 経営会議（アドバイザー機能） • 法務部，経営企画部（アドミニストレーター機能）
• 資本政策・株式取引関連（新株発行，配当支払い，あらゆる法律要件の遵守）		• 財務部
• コーポレートガバナンス問題に関する社外専門家（会計監査人，弁護士，金融機関，税理士等）との情報交換		• 法務部，財務部，総務部
• コーポレートガバナンス問題に関する取締役（社外取締役），執行役との情報交換		• 法務部，総務部，秘書室
• 株主との対話（ガバナンスコミュニケーションの窓口：Shareholder Engagement）		• IR部，総務部，法務部

（出所）経済産業省「第５回CGS研究会寺下委員説明資料」より抜粋

さらに，図表５－14のサポート業務に加え，本書の主要テーマであるスキル・マトリックスの構築と運用に関して，企業側のスタッフが果たすべきサポート業務は下記が想定される。

[スキル・マトリックスの作成・開示プロセス]
- 全体のタスク・スケジュール整理
- 前提条件（取締役会の役割・機能の在り方），会社機関・委員会の選択に関する議論に必要な社内情報収集と整理
- 外部コンサルタントの確保
- スキル項目および調査対象者の決定
- 調査票および記入要領の作成，調査対象者への発送・回収
- 調査内容の確認，集計，スキル認定（取締役との調整含む）
- 開示案作成，スキル上の課題・論点整理
- 指名委員会・取締役会資料の作成

[関連する業務]
- 実効性評価との整合性確保（取締役の個別評価のポイント整理）
- 後継者計画に関する情報整備（スキルも含めた基礎情報のメンテ）
- 後継者候補の探索，後継者人材プールの形成と維持
- 後継者候補との継続的なコンタクト
- エグゼクティブ・サーチなどからの情報収集
- 上記を含む各専門家の起用に必要な各種予算の確保

5　まとめ

スキル・マトリックスとは，取締役会における構成メンバーのスキル構成を整理し，開示するものであるが，コーポレートガバナンスの全体像からその位置づけを考えると，様々な活用が期待される。一方で，スキル・マトリックスの活動を通じて。今後の日本企業に必要と思われる，ガバナンス体制の再構築の方向性も考察した。これらの内容について，以下でまとめを行う。

- スキル・マトリックスの作成プロセスは，取締役会が担う役割の再定義を踏まえて，会社機関の選択と委員会の設置を検討し，その上で取締役の適切な構成を検討するものである。また，スキル・マトリックスと実効性評価は，スキルの事前・事後の評価と位置づけることができる。その意味で，スキル・マトリックスは，取締役会の持続的な機能の発揮を目指す仕組である「ボード・サクセッション」の根幹をなすものである。
- スキル・マトリックスは単なる現状のスキル状況の把握・開示の手段に留まらず，併せて実施する実効性評価と併せて，取締役会におけるスキル課題を明確にし，今後のスキルを強化するための後継者計画を立案するための有力なツールである。なお，後継者計画は，一般的にCEOの後継者計画がイメージされるが，取締役会が持続的に監督機能を発揮できるかという，所謂「ボード・サクセッション」の観点に立つと，独立社外取締役の後継者計画が今後は重要になる。
- 一般的にスキル・マトリックスのスコープは取締役会であるが，日本企業においては，取締役会で業務執行の意思決定を行う企業も多い。そのため，業務執行取締役の育成を目標として，経営幹部育成の手段として，スキル・マトリックスを活用することも可能である。
- スキル・マトリックスや実効性評価を通じて後継者計画を策定することで，持続的な取締役会の役割発揮を目指す「ボード・サクセッション」について，モニタリングモデルを指向する場合には，経営からの独立性，中立性を担保する「独立社外取締役の自治」が重要になる。また，「独立社外取締役の自治」を進めるためには，取りまとめ役として独立社外取締役である取締役議長もしくは，筆頭独立社外取締役を選任するのが望ましい。
- その一方で，独立社外取締役は非常勤であり，利用できる時間や，予算などのリソース面での限界がある。そのため，取締役会や独立社外取締役の活動をサポートする組織やスタッフが今後，重要になる。

参考　スキル・マトリックス作成・開示のモデルケース

2021年6月のコーポレートガバナンス・コード改訂により，取締役会の機能がより重要視されることとなった。特に，補充原則4－11①おいて「取締役会は，経営戦略に照らして自らが備えるべきスキル等を特定した上で，取締役会の全体としての知識・経験・能力のバランス，多様性及び規模に関する考え方を定め，各取締役の知識・経験・能力等を一覧化したいわゆるスキル・マトリックスをはじめ，経営環境や事業特性等に応じた適切な形で取締役の有するスキル等の組み合わせを 取締役の選任に関する方針・手続と併せて開示すべきである」とされている。

これを受けて，3月の公開草案時点から，先行してスキル・マトリックスを作成，開示する企業が存在する。以下では，これらの選考基準の開示状況をもとに，初年度および2年度以降の開示に向けたモデルケースを作成したので，今後の参考とされたい。

（基本事項）

上場区分	：東証1部上場企業
新市場対応	：プライム市場への移行を検討
会社機関	：監査役会設置会社 ※任意の指名・報酬委員会を設置 取締役会，指名・報酬委員会は原則毎月実施
役員構成	：取締役会　社内は過半数，社外は3分の1以上 監査役会　社外が過半数
決算期	：3月決算
先行開示	：実施せず
初年度開示	：CG報告書・ホームページ
次年度以降開示	：統合報告書
検討開始時期	：5月
実施事務局	：経営企画部（主），法務部，人事部

1．初年度対応

①　スケジュール設定

日程	主要タスク	事務局	取締役会	指名・報酬委員会
5/1W	基礎情報収集・論点整理	●		
5/2W	スケジュール・タスク説明		●	●
5/2W	基本方針検討	●		
5/4W	調査方法検討	●		
6/2W	基本方針事務局案提示・討議		●	●
7/1W	調査票配布（株主総会終了後）	●		
(2W)	（調査対象者が記入）	－	－	－
7/3W	調査票回収	●		
(1W)	（調査内容確認・調整）	●		
8/1W	スキル状況取りまとめ報告			●
8/2W	開示方針原案作成	●		
8/4W	開示方針原案提示・討議			●
9/1W	開示内容詳細検討	●		
9/2W	スキル・マトリックス開示案提示・決議		●	●
9/3W	CG報告書改訂案検討	●		
10/2W	CG報告書改訂案提示・決議 （新市場区分方針：2021年のみ）		●	●
10/4W	CG報告書開示 ホームページ情報開示 （新市場区分申請：2021年のみ）	●		
11/1W	他社状況把握，課題整理 関連検討事項検討	●		
12/2W	課題討議		●	●
1以降	実効性評価 後継者計画	－	－	－

② 主要タスク解説

主要タスク	内容
基礎情報収集・論点整理	●スキル・マトリックスに関する基本情報の収集（CG本文，実務指針，他社開示状況・事例） ●スキル・マトリックス作成・開示に関する論点の洗い出し
スケジュール・タスク説明	●全体スケジュール，想定タスク，及び主要論点と現段階での対応方針を取締役会，指名・報酬委員会に説明
基本方針検討	●主要論点を事務局で検討し，事務局案を作成 －取締役会の役割（モニタリングモデルへの移行要否，程度） －会社機関の選択・委員会設置 －取締役会・委員会の議題 －取締役会の構成
調査方針検討	●スキル・マトリックスの基礎資料となるスキル情報の調査方針 －調査対象者（監査役を含むか） －スキル項目 －調査方法（調査票，ヒアリングなど）
基本方針事務局案提示・討議	●基本方針・調査方針を取りまとめ事務局案として，取締役会（基本方針）・指名・報酬委員会（調査方針）に提示・討議
調査票配布	●調査票を事務局より調査対象者に配布（ヒアリングの場合は日程調整）
（調査対象者が記入）	●ヒアリングの場合は確認結果を調査票等に転記，本人に確認 ※概ねQ&A対応を含め２週間
調査票回収	●調査対象者より調査票を回収，記入漏れ，不明事項の有無をチェック
（調査内容確認・調整）	●調査対象者間でスキルの認定に差が発生しないように調整。必要に応じて調査対象者に説明 ※概ね１週間程度で調整
スキル状況取りまとめ報告	●調整後のスキルレベル，スキル項目でのスキル状況の取りまとめ（一覧表形式）を指名・報酬委員会に報告，共有
開示方針原案作成	●開示そのものの要否（開示せずExplainする選択肢も存在） ●開示対象者を改めて確認（下記の組合せ） －取締役・監査役 －社内・社外 ●開示スキル項目（調査項目の統合） ※他社開示事例を踏まえて，開示対象者，スキル項目の事務局案を作成

開示方針原案提示・討議	●開示要否，開示対象者，開示スキル項目について理由を付して指名・報酬委員会に提示，委員会メンバーで内容を検討
開示内容詳細検討	●スキル・マトリックスに付加する情報も含めた開示内容についての詳細な事務局案を作成 －年齢・在任期間・性別・国籍 －委員会の就任状況 －他社兼任数　　　　など
スキル・マトリックス開示案提示・決議	●スキル・マトリックスの詳細開示についての事務局案を指名・報酬委員会に提示。討議の上で決議し，取締役会に申し送り，最終決議
CG報告書改訂案検討	●事務局にて，上記決議内容をCG報告書の形式に落とし込み ●スキル・マトリックスそのものを記載するか，参照方式にするか ※CG報告書の他の記載事項も同時並行で検討
CG報告書改訂案提示・決議（新市場区分方針：2021年のみ）	●CG報告書の開示最終案を，指名・報酬委員会での討議を通じて，取締役会で最終討議，決議
CG報告書開示 ホームページ情報開示（新市場区分申請：2021年のみ）	●CG報告書を正式開示。なお，スキル・マトリックスを参照方式にする場合は，同タイミングでスキル・マトリックスをホームページ等に掲載
他社状況把握，課題整理 関連検討事項検討	●開示状況について他社情報を収集し自社の課題を分析（主に現段階で不足しているスキル不足，経営課題を勘案して今後強化すべきスキルの特定） ●スキル以外の取締役会の人員構成，任期・年齢等を考慮して入れ替えた場合，脆弱化するスキルの特定 ●スキル・マトリックスの開示範囲，スキル項目，作成プロセスについての課題事項の抽出 ●上記について対処方針案を事務局で作成
課題討議	●課題分析および対応方針（事務局案）を指名・報酬委員会で討議し，必要に応じて取締役会でも討議 ※特段の結論は求めない
実効性評価 後継者計画	●実効性評価において，取締役個人の評価を実施する場合，スキル・マトリックスとの整合性を確認 ●スキル・マトリックスによる現状分析と，実効性評価の結果をもって，後継者計画，およびボード・サクセッションの基本計画を作成 ※必要に応じて取締役会に報告，討議する

2．2年度以降対応

①　スケジュール設定

日程	主要タスク	事務局	取締役会	指名・報酬委員会
1/1W	基礎情報収集・論点整理	●		
1/2W	基本方針検討	●		
2/2W	基本方針事務局案提示・討議		●	●
	（次期役員人事内定）		●	●
3/1W	調査票配布（新任）	●		
3/2W	調査票回収（新任）	●		
（1W）	（調査内容確認・調整）	●		
3/3W	スキル状況取りまとめ報告			●
3/4W	スキル・マトリックス開示内容検討	●		
4/2W	スキル・マトリックス開示案提示・決議		●	●
4/3W	定時株主総会招集通知案検討	●		
5/2W	定時株主総会招集通知案決議		●	
6/3W	CG報告書改訂案検討	●		
6/4W	CG報告書改訂案提示・決議		●	
6/4W	株主総会 （有価証券報告書提出）	－	－	－
7/1W	CG報告書開示 ホームページ情報開示	●		
7/2W	他社状況把握，課題整理 関連検討事項検討	●		
8/2W	課題討議		●	●
以降	統合報告書開示		●	●
	実効性評価 後継者計画	－	－	－

② 主要タスク解説

主要タスク	内容
基礎情報収集・論点整理	●スキル・マトリックスに関する基本情報の収集（CG本文，実務指針，他社開示状況・事例） ●前年の結論や課題認識を踏まえて，方針変更に関わる論点を洗い出し
基本方針検討	●主要論点について，方針変更の有無を事務局で検討し，事務局案を作成 －取締役会の役割（モニタリングモデルへの移行要否，程度） －会社機関の選択・委員会設置 －取締役会・委員会の議題 －取締役会の構成 ※議題・構成については毎年見直すことが望ましい
基本方針事務局案提示・討議	●基本方針の変更部分を取りまとめ事務局案として，取締役会（基本方針）・指名・報酬委員会（調査方針）に提示・討議 ※調査方針については，毎年大きく変化しないと想定
（次期役員人事内定）	※各社によって時期に差があるが，特に新任役員については，各種の情報収集作業が発生
調査票配布（新任）	●新任役員については，スキルに関する調査票を事務局より送付 ※その他の役員については，スキルの内容等に変更がある場合，事務局に申告してもらう旨を通知
調査票回収（新任）	●調査対象者より調査票を回収，記入漏れ，不明事項の有無をチェック
（調査内容確認・調整）	●調査対象者間でスキルの認定に差が発生しないように調整。必要に応じて調査対象者に説明
スキル状況取りまとめ報告	●調整後のスキルレベル，スキル項目でのスキル状況の取りまとめ（一覧表形式）を指名・報酬委員会に報告，共有
スキル・マトリックス開示内容検討	●スキル・マトリックスおよび付加すべき情報も含めた開示内容についての詳細な事務局案を作成 －年齢・在任期間・性別・国籍 －委員会の就任状況 －他社兼任数　　　　など ※初年度から，大きな変更がある場合は，スケジュールを前倒しする
スキル・マトリックス開示案提示・決議	●スキル・マトリックスの詳細開示についての事務局案を指名・報酬委員会に提示。討議の上で決議し，取締役会に申し送り，最終決議

定時株主総会招集通知案検討	●定時株主総会招集通知に，スキル・マトリックスを掲載する場合，他の項目との調整を行いつつ内容を確認
定時株主総会招集通知案決議	●定時株主総会招集通知について，他の項目も踏まえ，全体版として決議（内容は原則転記のため，スキル・マトリックスのみ分離して決議は行わない）
CG報告書案検討	●事務局にて，スキル・マトリックスの決議内容をCG報告書の形式に落とし込み ●スキル・マトリックスそのものを記載するか，参照方式にするか（２年度目以降は，ホームページに加え，株主総会招集通知を参照とするかも検討） ※CG報告書の他の記載事項も同時並行で検討
CG報告書案提示・決議	●CG報告書の開示最終案を，指名・報酬委員会での討議を通じて，取締役会で最終討議，決議
株主総会 （有価証券報告書提出）	※役員選任により，スキル・マトリックスの内容が確定 ※有価証券報告書にスキル・マトリックスを開示するのであれば，有報作成，承認スケジュールと調整。原則はCG報告書と内容は同一）
CG報告書開示 ホームページ情報開示	●CG報告書を正式開示。なお，スキル・マトリックスを参照方式にする場合は，同タイミングでスキル・マトリックスをホームページ等に掲載 ※株主総会招集通知を参照にしている場合は，招集通知をホームページにアップ
他社状況把握，課題整理 関連検討事項検討	●開示状況について他社情報を収集し自社の課題を分析（主に現段階で不足しているスキル，経営課題を勘案して今後強化すべきスキルの特定） ●スキル以外の取締役会の人員構成，任期・年齢等を考慮して入れ替えた場合，脆弱化するスキルの特定 ●スキル・マトリックスの開示範囲，スキル項目，作成プロセスについての課題事項の抽出 ●上記について対処方針案を事務局で作成
課題討議	●課題分析および対応方針（事務局案）を指名・報酬委員会で討議し，必要に応じて取締役会でも討議 ※特段の結論は求めない
統合報告書開示	●多くの企業においては統合報告書にスキル・マトリックスの詳細な情報を開示している。他社事例も含め，統合報告書への開示内容を検討し，必要であれば取締役会で討議，決議

実効性評価 後継者計画	●実効性評価において，取締役個人の評価を実施する場合，スキル・マトリックスとの整合性を確認 ●スキル・マトリックスによる現状分析と，実効性評価の結果をもって，後継者計画，およびボード・サクセッションの基本計画を作成 ※必要に応じて取締役会に報告，討議する

おわりに

筆者がスキル・マトリックスという言葉を初めて聞いたのは，コーポレートガバナンス・コードが施行される前の2014年であったが，その内容は米国企業のものであり，当時はその重要性を十分には認識していなかった。

その後，日本企業においてもコーポレートガバナンス改革が進むとともに，取締役会の役割についてもモニタリングモデルを意識して，執行と監督を分離するという動きが加速した。その結果として，多くの上場企業において，独立社外取締役の選任数が増加したことは，本文内でも説明したとおりである。

一方で，急激な独立社外取締役のニーズに対して，人材供給が追い付かないというのも事実であり，今回（2021年６月）のコーポレートガバナンス・コード改訂で，さらなる独立社外取締役の増加が予想されるとともに，サステナビリティなど監督のスコープが拡大していく中で，社外取締役に求めるスキルも多様化していくことも想像に難くない。

さらに，今後のコーポレートガバナンス改革議論の中で，モニタリングモデルに基づく，監督役としての適性が問われる中で，保有スキルの状況を把握するという観点から，スキル・マトリックスが明確にコーポレートガバナンス・コード改訂で示されたことは当然の帰結である。

一方で，スキル・マトリックスについては，本書の刊行に先立ち先行している米国企業，英国企業の事例を調査したが，圧倒的多数の独立社外取締役で構成される米国企業，英国企業と，未だマネジメントモデルの要素を残す日本企業の間では，スキル・マトリックスの位置づけについては，大きな差異が存在する。特に，米国企業，英国企業では，「独立社外取締役を無条件に信用しない」ことを前提に，事前にスキル・マトリックス，事後に実効性評価で取締役を評価するためのメカニズムにスキル・マトリックスが位置づけられている。

これに対し，独立社外取締役を評価するという考えが希薄である日本企業においては，スキル・マトリックスの位置づけが曖昧になるという懸念は存在する。また，日本企業の会社機関の選択肢には監査役会設置会社が存在する。そのため，取締役のみでスキル・マトリックスを作成することが，果たして正しい現状認識につながるかという疑問も存在する。

その意味では，スキル・マトリックスとは取締役会の監督機能の強化を判断するための手段であることを理解しつつも，マネジメントモデルの要素を残し，業務執行取締役が一定数存在する日本企業においては，スキル・マトリックスはどのような役割を果たし，それがガバナンスの向上にどのようにつながるのかを，十分に検討してスキル・マトリックスを作成・開示することが重要であると思われる。

なお，スキル・マトリックスは，実効性評価とセットとなっており，特に人材不足に各社が悩む，独立社外取締役のサクセッションプランに連動している。さらに言うと，持続的に取締役会が役割・機能を発揮させる「ボード・サクセッション」においてもスキル・マトリックスは重要な位置づけを占めるということを，本書を執筆するなかで痛感した次第である。

重ねて言うが，スキル・マトリックスは，取締役会の在り方，人員構成を議論するための重要なツールであり，単純に作成し，開示するという以上の意味があると筆者は確信する。その一方で，スキル・マトリックスの作成や開示，さらに運用については明確な実務指針が存在していないため，抽象的なイメージが先行しており，具体的な実務を進めるうえで，担当者が頭を悩ませているのが現状である。

本書では，そのような実務者のために，先行事例を分析しつつ，実務者の視点で論点を整理し，具体的な進め方を整理したものである。一方で，本書の執筆時期は，コーポレートガバナンス・コード改訂の直後であり，開示例が十分に出揃っていない中でのものであるため，今後，関係する実務指針等の検討・公表状況や，各社の開示状況について，大きくトレンドが変化する可能性があるため，今後の動向を注視していきたい。

最後に，拙著『ボード・サクセッション』に引き続き，本著の執筆の機会を頂いた中央経済社の末永様に深く感謝するとともに，これまでコーポレートガバナンス改革について，リサーチ，コンサルティングの局面で多くのアイデアと情報の提供を頂いた，日本総合研究所のメンバーにも感謝と尊敬の意を表したい。

参考文献　1

「持続的成長への競争力とインセンティブ～企業と投資家の望ましい関係構築～（伊藤レポート）」，経済産業省（2014）
「平成27年度　内外一体の経済成長戦略構築にかかる国際経済調査事業　報告書」，経済産業省（2016）
「持続的成長に向けた長期投資（ESG・無形資産投資）研究会 報告書（伊藤レポート2.0）」，経済産業省（2017）
「コーポレート・ガバナンス・システムに関する実務指針」，経済産業省（2018）
「取締役会の機能向上等に関するコーポレートガバナンス実態調査　報告書」，経済産業省（2018）
「デジタルガバナンスに関する有識者検討会」，経済産業省（2019）
「グループ・ガバナンス・システムに関する実務指針」，経済産業省（2019）
「SDGs経営ガイド」，経済産業省（2019）
「東証上場会社における独立社外取締役の選任状況，委員会の設置状況及び相談役・顧問等の開示状況（2020年９月７日）」，日本取引所グループ（2020）
「金融審議会市場ワーキング・グループ「市場構造専門グループ」報告書」，金融庁（2020）
「「責任ある機関投資家」の諸原則 ≪日本版スチュワードシップ・コード≫　再改訂版」，金融庁（2020）
「日本企業のコーポレートガバナンスに関する実態調査　報告書（令和元年度 産業経済研究委託事業）」，経済産業省（2020）
「社外取締役の在り方に関する実務指針」，経済産業省（2020）
「独立社外取締役の行動ガイドライン」，日本取締役協会（2020）
「選択する未来2.0　最終報告書」，内閣府（2021）
「コーポレートガバナンス･コード改訂版（2021年６月版）」，東京証券取引所（2021）
「新市場区分の概要等について」，日本取引所グループ（2021）
日本総合研究所『葛藤するコーポレートガバナンス改革』，きんざい（2017）
山田英司『グループ・ガバナンスの実践と強化』，税務経理協会（2020）
山田英司『ボード・サクセッション』，中央経済社（2021）

参考文献　2

2018年スキル調査　対象企業および概要

【調査対象】
米国企業：S&P100のうち，公開情報であるProxy Statement 2019(FY2018）を取得できる98社について分析
英国企業：FTSE100のうち，英国の法人格を有し，かつ公開情報であるAnnual Report2018（FY2018）を取得できる77社について分析
日本企業：TOPIX100全社について，会社機関・スキルについては有価証券報告書（2018年３月期）および，株主総会招集通知を利用。なお，報酬については有価証券報告書（2019年３月）のデータを利用した

・S&P100，FTSE100およびTOPIX100企業は2019年12月時点としている
・為替レートについては決算期末日時点で円換算している

米国調査対象企業（S&P100；98社）

Apple, Abbvie, Abbott Laboratories, Accenture, Adobe, Allergan, AIG, Allstate, Amgen, Amazon, American Express, Boeing, Bank of America, Bank of New York Mellon, Booking Holdings, BlackRock, Bristol-Myers Squibb, Berkshire Hathaway, Citigroup, Caterpillar, Chatter Communications, Colgate-Palmolive, Conolo Phillips, Costoco, Comcast, Capital One Financial, Cisco, CVS Health, Chevron, DuPont de Nemours, Danaher, Disney, Duke Energy, Emerson Electric, Exelon, Ford, Facebook, FedEx, General Dynamics, GE, Gilead Science, GM, Alphabet, Goldman Sacs, Home Depot, Honeywell, IBM, Intel, Jhonson and Jhonson, JP Morgan, Kraft Heinz, Kinder Morgan, Coca Cola, Eli Lilly, Lockhead Martin, Lowe's, Mastercard, Mc'Donald's, Mondelez, Medtronic, MetLife, 3M, Altra Group, Merck & co, Morgan Stanley, Microsoft, NextEra Energy, Netflix, Nike, NVIDIA, Occidential Petroleum, Pepsico, Pfizer, Olacle, P&G, Phillip Morris, Paypal, Qualcomm, Raytheon, Starbucks, Schlumberger, Southern, Simon Property, AT&T, Target, Thermo Fisher Scientific, Texas Instruments, United Health Group, Union Pacific corporation, United Persel Service, U.S. Bancorp, United Technologies, Visa ,Verizon Communications, Walgreens Boots Alliance ,Wells Fargo, Walmart, Exxon Mobil Corp.

英国調査対象企業（FTSE100；77社）

3i Group, Associated British Foods, Admiral Group, Anglo American, Antofagasta, Ashtead Group, AstraZeneca, AVEVA Group, Aviva, BAE Systems, Barclays, Barratt Developments, Berkeley Group Holdings, BP, British Land, BT Group, Burberry Group, Centrica, Croda International, Diageo, Ferguson, GlaxoSmithKline, Halma, Hargreaves Lansdown, Hikma Pharmaceuticals, HSBC Holdings, Imperial Brands, Informa, InterContinental Hotels Group, Intertek Group, ITV, JD Sports Fashion, Johnson Matthey, Just Eat, Land Securities, Legal & General, Lloyds Banking Group, London Stock Exchange Group, Meggitt, Melrose Industries, Mondi, Morrison (Wm) Supermarkets, National Grid, Next, Ocado Group, Pearson, Persimmon, Phoenix Group Holdings, Prudential, Reckitt Benckiser Group, RELX Group, Rentokil Initial, Rightmove, Rio Tinto Group, Rolls-Royce Holdings, The Royal Bank of Scotland Group, RSA Insurance Group, Sage Group, Sainsbury's, Schroders, Scottish Mortgage Investment Trust, Segro, Severn Trent, Smith & Nephew , Smith (DS), Smiths Group, Spirax-Sarco Engineering, SSE, St. James's Place, Standard Chartered, Standard Life Aberdeen, Taylor Wimpey, Tesco, Unilever, United Utilities Group, Vodafone Group, WPP

日本調査対象企業（TOPIX100；100社）

国際石油開発帝石，大東建託，大和ハウス工業，積水ハウス，アサヒグループホールディングス，キリンホールディングス，味の素，日本たばこ産業，セブン&アイ・ホールディングス，東レ，旭化成，信越化学工業，三菱ケミカルホールディングス，花王，武田薬品工業，アステラス製薬，塩野義製薬，中外製薬，エーザイ，小野薬品工業，テルモ，第一三共，大塚ホールディングス，オリエンタルランド，富士フイルムホールディングス，資生堂，JXTGホールディングス，ブリヂストン，日本製鉄，住友金属鉱山，住友電気工業，リクルートホールディングス，日本郵政，SMC，小松製作所，クボタ，ダイキン工業，日立製作所，三菱電機，日本電産，富士通，パナソニック，ソニー，キーエンス，シスメックス，デンソー，ファナック,京セラ，村田製作所，三菱重工業，日産自動車，いすゞ自動車，トヨタ自動車，本田技研工業，スズキ，SUBARU，オリンパス，HOYA，キヤノン，バンダイナムコホールディングス，任天堂，伊藤忠商事，丸紅，三井物産，東京エレクトロン，住友商事，三菱商事，ユニ・チャーム，イオン，三菱UFJフィナンシャル・グループ，りそなホールディングス，三井住友トラスト・ホールディングス，三井住友フィナンシャルグループ，みずほフィナンシャルグループ，オリックス,大和証券グループ本社，野村ホールディングス,SOMPOホールディングス，MS&ADインシュアランスグループホールディングス，第一生命ホールディングス，東京海上ホールディングス，三井不動産，三菱地所，住友不動産，東日本旅客鉄道，西日本旅客鉄道，東海旅客鉄道，日本航空,ANAホールディングス,日本電信電話，KDDI，ソフトバンク，NTTドコモ，中部電力,関西電力，東京瓦斯，セコム，ニトリホールディングス，ファーストリテイリング，ソフトバンクグループ

■スキル比較における，取締役のスキル分類方法

本書に掲載した企業のスキル分析については，207頁で掲載した対象企業の公表資料（米：Proxy Statement，英：Annual Report，日本：有価証券報告書および株主招集通知）に掲載されている，取締役の経歴を参照し，一定の基準に従って保有スキルを分類した。

なお，各社において開示されているスキル・マトリックスについては各社独自の基準および項目によりスキル分類がなされているため，比較が困難である。そのため，本分析においては実施したスキル分類と，企業が開示しているスキルマトリックスの内容は一致しない。また，各社における取締役のスキル開示レベルには差異が一定程度存在する。

日本企業については，監査役会設置会社，監査等委員会設置会社，指名委員会等設置会社と3つの会社機関を選択できるが，現状は監査役会設置会社が多数を占める。そのため，本スキル分類においては監査役も含めている。

2021年　先行開示企業　対象企業

【調査対象】
先行開示企業
- TOPIX100全社のうち，2021年8月1日時点で，定時株主総会招集通知（2021年）においてスキル・マトリックスを先行開示している53社について分析
- なお，調査においては，定時株主総会招集通知の他，コーポレートガバナンス報告書および統合報告書（ともに2021年8月1日時点での最新版）を参照

スキル・マトリックス先行開示企業（TOPIX100：53社）

大和ハウス工業，積水ハウス，アサヒグループホールディングス，キリンホールディングス，セブン&アイ・ホールディングス，旭化成，三菱ケミカルホールディングス，塩野義製薬，エーザイ，第一三共，大塚ホールディングス，Zホールディングス，富士フイルムホールディングス，資生堂，ENEOSホールディングス，小松製作所，クボタ，三菱電機，パナソニック，ソニーグループ，シスメックス，ファナック，村田製作所，日産自動車，SUBARU，オリンパス，HOYA，伊藤忠商事，丸紅，三井物産，東京エレクトロン，住友商事，三菱UFJフィナンシャル・グループ，りそなホールディングス，三井住友トラスト・ホールディングス，三井住友フィナンシャルグループ，みずほフィナンシャルグループ，オリックス，大和証券グループ本社，野村ホールディングス，SOMPOホールディングス，日本取引所グループ，第一生命ホールディングス，東京海上ホールディングス，三井不動産，ANAホールディングス，日本電信電話，KDDI，ソフトバンク，中部電力，関西電力，ニトリホールディングス，ソフトバンクグループ

[著者略歴]

山田　英司（やまだ　えいじ）

株式会社日本総合研究所　理事
EU Business school 経営管理学博士（DBA），University of Wales 経営管理学修士（MBA with Distinction）修了。早稲田大学法学部卒業。
大学卒業後，建設会社に入社し経理・財務およびグループ経営企画，管理などの業務に携わる。その後，日本総合研究所に入社し，グループ経営やM&A，コーポレートガバナンスなどのコンサルティングプロジェクトに参画。一方で，ベンチャー企業のCFOや監査役，大手企業の社外取締役なども兼任。
早稲田大学理工学術院非常勤講師（著作権と国際コンテンツビジネス）で教鞭をとる傍らで，東京都や埼玉県および公正取引委員会の各種審議会の委員もつとめる。
連絡先　yamada.eiji@jri.co.jp

スキル・マトリックスの作成・開示実務

2021年12月10日　第１版第１刷発行

著　者　山　田　英　司
発行者　山　本　　　継
発行所　㈱中央経済社
発売元　㈱中央経済グループパブリッシング

〒101-0051　東京都千代田区神田神保町1-31-2
電　話　03（3293）3371（編集代表）
03（3293）3381（営業代表）
https://www.chuokeizai.co.jp
製版／三英グラフィック・アーツ㈱
印刷／三　英　印　刷　㈱
製本／㈲　井　上　製　本　所

ISBN978-4-502-40991-2　C3034